Heidi Zengerling

Schöne Frauen leben gefährlich

Heidi Zengerling

Schöne Frauen leben gefährlich

KIRCHSCHLAGER

»Wie gerne die Frauen
gefährliche Dinge tun.
Es ist eine ihrer Eigenschaften,
die ich am meisten bewundere.«

Oscar Wilde

INHALTSVERZEICHNIS

VORWORT

Ob Königin, Mätresse, Attentäterin oder Frauenrechtlerin – Heidi Zengerling zeichnet in ihrem Buch skizzenhafte Porträts außergewöhnlicher Frauen. Dabei spannt sie zeitlich den Bogen von der Renaissance über die Zeit der Französischen Revolution bis zur Gegenwart.

Obwohl die beschriebenen »Heldinnen« sehr verschieden sind, verbindet sie doch ungezügelte Lebensfreude und gesellschaftliches Engagement. Sie sind berühmt, manche sogar berühmt-berüchtigt, andere tragisch verblendet oder einfach nur vom Unglück verfolgt. Aber es geht in diesem Band nicht allein um die Darstellung namhafter Frauen, sondern vielmehr um die Vielfalt weiblicher Existenz. Alle »Heldinnen« kämpften – aus Lebenshunger oder politischer Überzeugung – den Kampf ihres Lebens gegen Intrigen, Vorurteile und Obrigkeiten. In Zeiten anhaltender oder gar zunehmender Frauenfeindlichkeit will dieses Buch einen kleinen Beitrag dazu leisten, Frauen Mut zu spenden im Kampf um Freiheit und das Recht auf Leben.

Zahlreiche Abbildungen sorgen für ein zeittypisches Kolorit und bringen uns fünfzehn Persönlichkeiten näher, deren Leben und Werk ihr Umfeld maßgeblich beeinflußten und beeinflussen.

Michael Kirchschlager

Henri Gervex, Parisina en su toilette.

PARISINA

DER FRÜHE TOD DER ITALIENISCHEN ADLIGEN (1404–1425)

Wenn man vom Stamm die dürren Äste
Sorgfältig schneidet: bleibt dem Reste
Noch Kraft genug, in grünem Leben
Mit Blütenschmuck sich zu umgeben;
Doch wenn der Blitz mit rohem Grimm
Zerstört die Kron' im Ungestümm,
Wird Stamm und Mark des Todes Raub
Und treibt nie mehr ein frisches Laub.

Lord Byron, »Parisina« (Auszug)

Die oberitalienische Stadt Ferrara in der Region Emilia-Romagna und gleichzeitige Hauptstadt der Provinz wurde unter der Regierung Niccolòs III. (1383 oder 1384–1441) Schauplatz einer grauenvollen Familientragödie. Niccolò d'Este heiratete 1424, fast 40jährig, die junge Adlige Parisina Malatesta (eigentlich Laura Malatesta), der das gleiche Schicksal beschieden sein sollte wie Francesca da Rimini, der Figur in Dantes (1265–1321) »Göttlicher Komödie«: Ihr heimliches Liebesverhältnis wurde verraten.

Aus dem Programmheft zur Oper »Parisina«.

Niccolò liebte seinen Sohn abgöttisch, und es mißfiel ihm ganz und gar, daß seine junge Frau diesen so stiefmütterlich behandelte. Eines Tages wollten Parisina und Ugo gemeinsam einen Ausflug unternehmen. Niccolò erlaubte dies in der Hoffnung, daß sich das Verhältnis der beiden bessern würde. Was während der Reise geschah, ahnte Ugos Vater allerdings nicht. Die heimliche Liaison zwischen Stiefmutter und Stiefsohn nahm ihren Lauf.

Parisina hatte einem ihr treuen Kammermädchen Unrecht getan. Es hatte lediglich eine unbedeutende Kleinigkeit falsch gemacht; zur Strafe wollte seine Herrin es entlassen. Der Diener Giorgio fand das junge Mädchen aufgelöst nahe den Gemächern Parisinas. Voller Wut rächte sich die Zofe an Parisina und gab ein sündhaftes Geheimnis preis: die verbotene Liebschaft zwischen Parisina und Ugo.

Als der Diener Giorgio seinen Herrn davon in Kenntnis setzte, glaubte dieser ihm nicht. Niccolò liebte seine junge Frau überschwänglich, ja geradezu blind. Er glaubte den Worten seines Dieners nicht. »Giorgio, setze nicht solche gefährlichen Gerüchte in die Welt«, ermahnte er ihn.

Parisina selbst war es schließlich, die sich verriet. Der Herzog war entsetzt, als er eines Nachts aufwachte und seine junge Frau im Traum von Ugo schmachten hörte. Er zückte einen Dolch. Tief gekränkt und mit Schande beladen, trachtete er seinem jungen Weib nach dem Leben. Doch etwas hielt ihn zurück. Nicht Mörder wollte er werden, Richter müßte er sein.

Bereits am folgenden Tag beraumte der Herzog eine Gerichtsverhandlung ein, bei der er den Vorsitz übernahm. Wie entsetzt waren alle Anwesenden, als er Frau und Sohn unter Anklage stellte und sie des scheußlichen Ehebruchs bezichtigte. Ebenso ließ er von seinen Bewaffneten die Mitwisser, die treulose Dienerschaft, vor das Tribunal zerren. Des Herzogs Urteil war eindeutig und nach geltendem Recht legitim: Er verurteilte beide zum Tod. Zuerst sollte Ugo sterben. Mit dem Schwert enthauptet sollte er werden, und seiner Geliebten gebührte es, zusehen zu müssen.

So geschah es auch. Hocherhobenen Hauptes und ohne verbundene Augen ging Ugo d'Este am 21. Mai 1425 in den Tod. Unter Tränen sah Parisina, wie der junge Herzogssohn starb. Als sie an der Reihe war, meinte es das Schicksal gnädig mit ihr; sie sank ohnmächtig auf dem Schafott nieder. Der Henker hatte leichtes Spiel. Sein Schlag traf den Hals der jungen Frau und trennte ihn vom Körper.

An den Klostermauern von San Francesco wurden die beiden gemeinsam mit ihren Mitwissern, die ebenfalls enthauptet worden waren, verscharrt. Zur gleichen Zeit sollte in Venedig ein Turnier stattfinden. Francesco Foscari (1373–1457), der Doge von Venedig, sagte es ab, als er von den schrecklichen Enthauptungen hörte. Es blieb jedoch nicht bei der Anklage der beiden Liebenden Parisina und Ugo sowie deren Mitwissern. Vielmehr wurden noch zahlreiche des Ehebruchs Angeklagte bzw. lediglich Verdächtige enthauptet, so auch Barbarin Lavdamia Romei, die Frau des Hofrichters, der bei der Enthauptung Parisinas und Ugos zugegen gewesen war.

Niccolò III. bereute bald seine Entscheidung. Er hatte sein gesamtes Leben mit den Folgen zu kämpfen, litt unter Alpträumen, sah seine schöne junge Frau immer wieder vor sich, obwohl er sich abermals verheiratete und Kinder zeugte. Nie sollten diese Kinder so werden wie sein geliebter Ugo.

Gefangennahme der Geliebten,
Stahlstich, frühes 19. Jahrhundert.

Das Castello Estense in Ferrara.

Die Frühe Neuzeit kannte brutale Foltermethoden und Hinrichtungen (auf dem Kupferstich ist eine frühe Darstellung des Fallschwertes zu sehen). Kupferstich, Mitte 17. Jahrhundert, Sammlung Verlag Kirchschlager, Arnstadt.

Das Eingangstor zum »Palazze dei Diamanti« in Ferrara.

Parisina wurde nur 21 Jahre alt. Ihr Schicksal inspirierte neben dem britischen Dichter Lord Byron (1788–1824) auch die Komponisten Gaetano Donizetti (1797–1848) und den italienischen Autor und Librettisten Felice Romani (1788–1865), der Byrons Gedichtromanze zur Grundlage des Librettos zu Donizettis Oper nutzte. »Parisina« wurde am 17. März 1833 im Teatro della Pergola in Florenz uraufgeführt.

Lucrezia Borgia

LUCREZIA BORGIA

DIE SCHÖNE HERZOGIN VON FERRARA
(1480–1519)

Es waren wohl die Einflüsse ihrer Zeit, die Lucrezia Borgia zu der werden ließen, als die man sie noch heute kennt: eine labile, aber lebenshungrige Frau, eine heißblütige, wollüstige Schönheit, die sich zum Spielball des politischen Rom und zum Instrument ihres Vaters machen ließ.

Die uneheliche Tochter Papst Alexander VI. (1431–1503) und seiner Geliebten Vanozza de Cattanei (1442–1518) wurde am 18. April 1480 in Rom in eine machtgierige Familie hineingeboren. Ihr Vater liebte seine Lucrezia über alles. Sie war ausgesprochen hübsch und liebreizend, von ebenmäßigen Zügen und einer klaren Weiblichkeit. Niccolò Cagnolo, Gesandter aus Parma, soll einst über Lucrezia gesagt haben: »Sie ist von mittlerer Größe und anmutiger Gestalt, ihr Gesicht ist eher lang, die Nase schön geschnitten, das Haar golden, die Augen haben keine besondere Farbe, ihr Mund ist ziemlich groß, die Zähne sind strahlend weiß, ihr Hals ist schlank und schön, ihr Busen bewundernswürdig geformt. Immer ist sie fröhlich und lächelt.«
Doch Papst Alexander VI. nutzte Lucrezia gewissenlos aus. Sie mußte oftmals die Regierungsgeschäfte übernehmen, wenn er abwesend war. Und sie tat es vertrauensvoll. Sein Amt war bei ihr in guten Händen, das wußte er allzu gut. Dreimal wurde Lucrezia verheiratet, wobei die Ehe-

Papst Alexander VI., der Vater Lucrezia Borgias.

schließungen nur darauf abzielten, die Macht der Familie durch neue Bündnisse zu festigen und auszubauen. Der treuen Tochter blieb nichts anderes übrig, als sich diesen Machenschaften zu beugen. Für die junge Frau war es nicht einfach, eine Vernunftheirat ohne auch nur ein Stückchen Liebe oder freundschaftliche Zuneigung hinzunehmen, während sie die Liebe so sehr ersehnte.

Mit nur elf Jahren wurde Lucrezia erstmals von ihrem Vater, damals noch Kardinal, mit Don Cherubin Juan de Centelles, Herr von Val d'Ayora im Königreich Valencia, verlobt. Diese Verbindung dauerte nur wenige Monate an, die Ehe wurde nicht vollzogen und das Kind lernte seinen künftigen Mann nie kennen. Als zweite Verlobung ist die mit dem spanischen Adligen Don Gasparo da Procida e Aversa, Sohn des Ritters Graf Gian Francesco von Aversa, bekannt. Zur Zeremonie fehlte das junge Mädchen, doch abgesehen davon war auch diese Verbindung nicht von langer Dauer. Im Jahr darauf wurde Kardinal Rodrigo Borgia zum Papst ernannt: Papst Alexander VI.

Anfang Februar des Jahres 1493 wurde die schöne Lucrezia zum wiederholten Mal aus politischen Gründen in die Hände eines Mannes gegeben, den sie weder kannte noch liebte. Im Juni herrschte reger Tumult im Palazzo di Santa Maria in Portico, am Petersplatz in Rom. Die blondgelockte Lucrezia stand im zarten Alter von 13 Jahren kurz davor, ihren ersten Ehemann Giovanni Sforza (1466–1510) kennenzulernen. Sie wurde von Adriana Mila Orsini, der intimen Freundin des Vaters, für dieses erste Zusammentreffen herausgeputzt. Man hüllte sie in schwersten goldenen Brokat. Ihre wundervolle Lockenpracht glättete man und belegte ihr Dekolleté mit Geschmeide in Hülle und Fülle. Ihr zukünftiger Gemahl, der uneheliche Sohn des Costanzo

I. Sforza (1447–1483) und dessen Geliebter Fiora Boni, heiratete Lucrezia in zweiter Ehe. Diese wurde nach etwas mehr als vier Jahren gelöst und mit dem Argument der angeblichen Impotenz des Ehemanns für ungültig erklärt. Im Grunde war die Trennung einzig und allein der Tatsache geschuldet, daß die Verbindung keinen Nutzen mehr für Lucrezias Familie brachte.

Als Tochter des Papstes verfügte Lucrezia über Macht, das war ihr beizeiten klar. Eine Borgia zu sein, machte aus dem Leben im Glanz einen Parcours gespickt mit Konfrontation, Korruption und Widersachern. Daß die adlige Tochter nicht nur schön, sondern auch gebildet war – sie genoß Unterricht im Französischen, Griechischen, Italienischen und Spanischen, natürlich auch in Latein –, bewahrte sie trotzdem nicht vor übler Nachrede, eine Giftmischerin, Ehebrecherin oder sogar Blutschänderin zu sein. Über Jahrhunderte hielten und halten sich solche Vorwürfe, wenngleich historische Untersuchungen das negative Bild der späteren Herzogin von Ferrara verblassen lassen. Die Geschichte sagt ihr verschiedene Affären nach, macht sie damit zu einer Femme fatale und dichtet ihr sogar eine intime Beziehung zur ihrem Bruder Cesare und dem Vater an. Die Vermutung liegt nahe, daß die Vorwürfe auf Giovanni Sforza zurückgehen, der Lucrezia und die Familie Borgia aus Rache für die Impotenzvorwürfe verleumdete.

Trotz schwerwiegender, schändlicher Anschuldigungen ließen sich die Freier nicht abschrecken und hielten um Lucrezias Hand an, unter ihnen der Herzog von Gravina sowie der Herr von Piombino. Für Lucrezias Vater allerdings waren diese beiden Bewerber nicht einflußreich genug. Erst die Hoffnung auf eine enge Verbindung mit dem Hause Aragonien durch die Heirat seiner Lucrezia und Al-

Cesare Borgia, Herzog von Valentinois,
der älteste Bruder Lucrezias.

fonso von Aragon (1481–1500) versöhnte den Papst, erkannte er doch darin die lang ersehnte Machterweiterung für die Borgias. Eine Mitgift von 40.000 Dukaten soll er versprochen haben, sofern das junge Ehepaar seine Zelte in Rom aufschlagen und nicht in die Ferne ziehen würde. In diesem Fall war Lucrezia neugierig auf ihren Ehemann, da diesem der Ruf vorauseilte, zu den schönsten Männern des Landes zu gehören. Zu jener Zeit allerdings wurde sie selbst als »klerikalste Kurtisane der Stadt« bezeichnet, und es überfiel sie die Angst, dieser negative Ruf könne ihr und ihrer Zukunft erheblich schaden.

Anders als bei ihrer ersten Eheschließung wurde diese zweite Heirat ohne großen Pomp vollzogen. Nur die engsten Vertrauten der Familien waren zugegen. Es sollte ein glücklicher Tag werden. Der spanische Feldherr Giovanni Cervillon hielt das Schwert über das Brautpaar. Lucrezia und ihr zweiter Gemahl waren sich tatsächlich in Zärtlichkeit zugeneigt und führten ein glückliches Leben. Der Herzog von Bisceglie zeigte sich als herzlicher und einfühlsamer Gemahl, der seine junge Frau auf Händen trug. Dichter und Gelehrte Aragoniens gingen bei den beiden ein und aus. Diese Wendung sah auch Lucrezias Bruder Cesare, der neidvoll auf seine Schwester blickte und finstere Pläne schmiedete. Lucrezia interessierte sich zu diesem Zeitpunkt nicht für politische Belange. Sie ging in ihrer Rolle der glücklich liebenden Ehefrau vollkommen auf. Bald war das junge Glück vollkommen, denn Lucrezia erwartete ein Kind. Ihr Leben änderte sich allerdings von einem Tag auf den anderen, als ihr geliebter Alfonso im Sommer 1499 aus politischen Gründen flüchten und sie drei Monate vor Geburt verlassen mußte. Eine baldige Rückkehr schien unmöglich. Lucrezia vermißte Alfonso schmerzlich. Der Vater

Pesaro, eine der Besitzungen Giovanni Sforzas,
des ersten Gemahls Lucrezias.

spürte die Trauer Lucrezias, konnte ihr aber den innigsten Wunsch, ihrem Gemahl nachzureisen, nicht erfüllen. Vielmehr erhob er sie in das Amt des Gouverneurs von Spoleto und Foligno. Lucrezia beugte sich und lebte in der Folge im Schutz der von hohen Mauern umgebenen Festung, 100 Kilometer von Rom entfernt. Ihren Mann, den die Menschen als Feigling betitelten, konnte Lucrezia trotz zahlreicher neuer Aufgaben nicht vergessen. Noch vor Geburt des ersten Sohnes ließ König Ludwig XII. Gnade walten, und Alfonso durfte seine Gemahlin wieder in die Arme schließen. Die Eltern waren sich einig, den Sproß »Rodrigo« – nach dem Großvater – zu nennen.

Lucrezia war Mutter durch und durch; sie liebte ihren kleinen Rodrigo über alles. Einzig und allein ihr Bruder Cesare konnte sich nicht mit ihr und dem jungen Glück freuen. Die Begeisterung der Menschen für das Haus Neapel weckte in ihm Haß und Rachegelüste. Seinerzeit erregte Martin Luther durch seine Reden Aufsehen und beschwor einen Glaubensbruch herauf. Cesare nutzte die Ereignisse für sich und seine verbrecherischen Pläne, seinen Schwager zu eliminieren.

In den Straßen Roms herrschte Aufruhr. Verschwörer hatten es leicht, unerkannt zu intrigieren. Zu allem Unglück stürzte aufgrund widriger Wetterbedingungen das Dach des Zeremoniensaals ein, in dem sich Lucrezias Vater aufhielt. Es glich einem Wunder, daß Papst Alexander VI. unverletzt überlebte. Man fand ihn unter den Trümmern auf seinem Thron sitzend. Lucrezia und ihr Gemahl besuchten den Vater und verließen erst in der Nacht das Gemäuer. Schon bahnte sich das Unheil an. Nichts ahnend schritten Lucrezia und Alfonso ihrem Zuhause entgegen, als sich ein paar Bettler am Fuße der Peterskirche plötzlich

Francesco Borgia, Kardinal von Cosenza.
Er war es, der den kleinen Rodrigo von Bisceglie taufte und
seine Erziehung übernahm.

als bewaffnete Männer entpuppten, die sich ihnen mit gezogenen Schwertern entgegenstellten. Lucrezia vernahm im Getümmel, wie ein Körper fiel und hart auf den Boden aufschlug. Blutüberströmt schafften ihn seine Begleiter nach Hause. »Cesare«, hauchte Alfonso unter Schmerzen, bevor er bewußtlos zusammensank. Alfonso überlebte den Anschlag. Aufopferungsvoll pflegte Lucrezia ihn, während Krankenwärter und Ärzte sich um das Gesunden des Herzogs kümmerten. Als Alfonsos Lebensgeister nach und nach zurückkehrten, traute sich sein Schwager Cesare doch allen Ernstes, vor sein Krankenbett zu treten. Der Attentäter und Machtstratege soll seinem Opfer zugeflüstert haben: »Was am Morgen mißlungen ist, wird am Abend vollbracht sein.« Lucrezias Bruder schaffte es, den Vater auf seine Seite zu ziehen, ebenfalls gegen den Herzog zu intrigieren und sogar die Unschuld des Sohnes zu beteuern. Lucrezia durchschaute den Plan und erkannte, daß sich ihr Gemahl in großer Gefahr befand, erneut Opfer eines Anschlags zu werden. Dieser seelische Druck machte ihr zu schaffen. Wie konnte sie ihrem Gemahl helfen und ihn beschützen? Lucrezia spürte Cesares Haß. Außerdem verstand sie, daß Alfonso vom Gedanken an Rache getrieben wurde.

Als der valencianische Condottiero (Söldnerführer) Micheletto Corella (1470–1508), Handlanger Cesares und Anführer der Petersplatzattentäter, das Krankenzimmer Alfonsos mit den Worten stürmte: »Ich habe den Auftrag, euch alle wegen eines Komplotts gegen das Haus Borgia festzunehmen«, sah Lucrezia Handlungsbedarf. Die infame Behauptung trieb sie eiligst zu ihrem Vater, um Hilfe zu erflehen. Ihr war nicht klar, daß sie in diesem Moment den Attentätern den Weg freimachte. Als Lucrezia zu ihrem

Mann zurückkehrte, teilte man ihr mit, daß dieser an einer Blutung verstorben sei. Eine Lüge, schoß es Lucrezia durch den Kopf, während sie sich der Trauer hingab. Bruder Cesare kannte keine Gnade. Er suchte kurz darauf die Schwester für einen angeblichen Beileidsbesuch auf, um sich an ihrer Trauer zu weiden und das niederträchtige Spiel glaubwürdig zu Ende zu bringen.

Lucrezia konnte den Tod ihres geliebten Gatten nicht verwinden. Rom wurde ihr als Heimat zur Qual, denn dort mußte sie unaufhörlich an Alfonso denken. Der Vater legte seiner Tochter keine Steine in den Weg, vielmehr war er erleichtert, daß sich Lucrezia entschloß, nach Nepi zu gehen. Lediglich ihr Sohn brachte Abwechslung in Lucrezias tristen Alltag. Er war ihre Sonne; für ihn lebte die schöne Frau. Lange wehrte ihr innerer Friede in der Abgeschiedenheit jedoch nicht, denn Vater und Bruder hatten bereits die nächste Heirat für sie arrangiert.

Die schöne Witwe war erst 20 Jahre alt, von lebhaftem Temperament und prinzipiell heiratswillig, dennoch erteilte sie kommenden Freiern immer wieder eine Absage: »Jeder, der mich heiratet, wird ins Unglück gestützt.« Mit diesen Worten begegnete sie auch dem Herzog von Gravina, als er um ihre Hand anhielt und sie diese ausschlug. Die Bewerber kamen und gingen, bis sich Lucrezia eines Tages entschied, ihr weiteres Leben nicht als Witwe zu fristen. Die schöne Adlige ergriff die Chance, völlig neu zu beginnen. Die Herren von Ferrara hatten es ihr angetan. Daß Lucrezia damit Vater und Bruder in die Hände spielte, war ihr nicht bewußt. Cesare, der Herzog von Valentinois, sah in der Verbindung seiner Schwester mit dem Hause Ferrara Vorteile für seine Eroberungspolitik. Geschickt schafften es Papst Alexander VI. und Herzog Ercole I. d'Este (1431–

Spoleto.
Hier wurde Lucrezia als Gouverneur eingesetzt.

1505), eine Verbindung zwischen der Witwe Lucrezia und dem bis dahin noch mit Luise von Angoulême (1476–1531) verlobten Alfonso d'Este (1476–1534) zu arrangieren. Lucrezia ihrerseits war nicht abgeneigt, im Gegenteil, sie schenkte ihm Vertrauen und empfand seine Stärke und Redlichkeit als wohltuend. Ercole allerdings gab seinen Sohn nicht ohne Forderungen an die Borgia her: 100.000 Dukaten, Schlösser und Ländereien im gleichen Wert, Stoffe, Geschmeide und Accessoires im Wert von 75.000 Dukaten und Hochzeitsgeschenke für die Braut. Außerdem sollte die jährliche Tributleistung Ferraras an die Kirche von bisher 4.000 auf nur 100 Dukaten gesenkt werden. Alexander erklärte sich mit allem einverstanden. Im Herbst 1501 war die Heirat endlich beschlossene Sache und ganz Rom hocherfreut ob der anstehenden Feierlichkeiten. Die ewige Stadt bejubelte die neue Herzogin von Ferrara. Einzig die Venezianer und Kaiser Maximilian (1459–1519) zeigten sich alles andere als erfreut über die Verbindung der Häuser Borgia und Ferrara. Sie intrigierten, und Lucrezia bekam Angst, daß die erträumte Vermählung wieder gelöst würde. Sie, die so oft Opfer böswilliger Verleumdungen geworden war, stand dank schöner Worte und schauspielerischem Talent des Vaters plötzlich in positivem Licht da, weshalb einer Zusammenführung beider Häuser nichts mehr im Wege stand.

Allerdings wendete sich das Blatt wieder, als Lucrezia erneut ein Kind trug. Die Neuigkeit warf sofort Fragen nach dem Vater auf. War es womöglich der Papst? Die ewige Stadt geriet in Aufruhr, Spekulationen wurden laut, ja sogar Spitzel hefteten sich an Lucrezias Fersen, um der Wahrheit auf den Grund zu gehen. Einzig Alfonso, der künftige Gemahl Lucrezias, blieb unbekümmert.

Ende 1501 wurde die junge Borgia endlich nach Ferrara eingeladen. In einem violettbraunen Kleid traf sie am Hofe in Ferrara ein. Die Farbe war einer reifen dunklen Kirsche – »morello« – nachempfunden und die Lieblingsfarbe der Tochter des Papstes. Der goldene Mantel, den sie dazu trug, paßte perfekt, das prächtige, fein ziselierte Geschmeide ergänzte die Aufmachung und ließ Lucrezia edel auftreten. Das Paar zeigte sich glücklich. Allerdings betrachtete Isabella d'Este, Gräfin von Gonzaga (1474–1539), Alfonsos Braut als Rivalin. Sie ließ Lucrezias Gemächer durchstöbern und beabsichtigte, einen Skandal heraufzubeschwören.

In der neuen Heimat plagten Lucrezia ständige Streitereien. Allen Anfeindungen zum Trotz fand schließlich die Hochzeit statt und die junge Borgia wirkte einer Königin gleich in ihrem Brautkleid mit der goldgestreiften Tunika und den kostspieligen Diamanten im Wert von 20.000 Dukaten. Bald allerdings hielt der Alltag Einzug. Lucrezias Schwiegervater bereitete ihr großen Verdruß.

Ruhe und Frieden fand sie für kurze Zeit hinter den Klostermauern der Klarissinnen. Lediglich Ercole Strozzi (1471–1508), ein Florentiner Gelehrter und Dichter, stand hinter der schönen Lucrezia. In seinem »Rosengedicht« von 1508 heißt es: »Rose, der Erde entsprossen, vom Finger gepflückt. Warum erscheinet schöner als sonst Dein farbiger Glanz? Färbt Dich Venus aufs Neue? Hat Lucrezias Lippe Dir im Kusse so hold schimmernden Purpur verliehn?«

Schließlich war Lucrezia schwanger und erheblich geschwächt. Zu allem Unglück befiel sie die über die Stadt hereinbrechende Pest. Ihre Tochter wurde nach neun Monaten tot geboren. Lucrezias Gesundheit wendete sich

Der Palast der Este,
in dem Lucrezia Borgia lebte und starb.

nicht zum Besseren. Sie war nur noch eine Hülle ihrer selbst. Dennoch schaffte sie es, wieder zum Leben zurückzufinden und sogar Freude am Dasein zu schöpfen. Dabei half ihr kein Geringerer als der humanistische Gelehrte und Kardinal Pietro Bembo (1470–1547), gleichzeitig gefeierter Dichter, welchem Lucrezia bald nicht nur in Freundschaft, sondern in Liebe zugetan war. Dieses Gefühl beruhte auf Gegenseitigkeit. Ihrem Gemahl Alfonso d'Este gebar sie im Laufe der Ehe acht Kinder. Sie versöhnte sich mit ihrem wahrlich nicht einfachen und nur wenig glücklichen Leben und ging in den Armen ihres Mannes am 24. Juni 1519 von dieser Welt. Ihre Grabstätte befindet sich im Chor des Klosters Corpus Domini zu Ferrara. Eine Locke ihres Haares, welche sie vor Zeiten ihrem geliebten Bembo schenkte, soll heute in Mailand in der Biblioteca Ambrosiana aufbewahrt werden.

In der Literatur wird Lucrezia Borgia allgemein als eine Frau mit einem ausschweifenden Lebensstil dargestellt, so in Alexandre Dumas' Roman »Les Borgia« und in Victor Hugos Theaterstück »Lucrèce Borgia«. Da ihr viele Affären unterstellt wurden, bezeichnet man sie als »Messalina« ihrer Zeit – in Anlehnung an die 20 n. Chr. geborene Valeria Messalina, die dritte Frau des römischen Kaisers Claudius, die als grausam, habgierig und ausschweifend lebend – als Nymphomanin – in die Geschichte einging.

Vermutliches Porträt der Lucrezia Borgia
am Ende ihres Lebens.

Münster,
Blick auf die Liebfrauenkirche.

HILLE FEICKEN

DIE MÜNSTERANER JUDITH
(UM 1500–1534)

Die Friesin Hille Feicken war eigentlich eine Frau wie jede andere damals im Mittelalter. Dennoch kämpfte sie in Zeiten des Umbruchs für ihre Rechte, ihren Glauben und ihre persönlichen Überzeugungen. Die eigene Stellung in der Gesellschaft war ihr wichtig, und dies unterschied sie von anderen Frauen. Mit ihren Ansichten stellte sich die junge Münsteranerin mit den wallenden blonden Haaren gegen die allmächtige, Frauen unterdrückende Männergesellschaft. Die katholische Kirche sah sich durch diese Frau und Gleichgesinnte bedroht, in ihrer Diktatur und Willkürherrschaft bedrängt und in Glaubensfragen unter Druck gesetzt. Sie verfolgte diese Frauen erbarmungslos als Ketzerinnen. Der niederländische Bäcker und Täufer Jan Matthijs (1500–1534) bezeichnete Münster einst als »das neue Jerusalem«. Hille sollte diesen charismatischen Mann kennenlernen und auch die mehrmonatige Belagerung der Stadt durch Fürstbischof Franz von Waldeck (1491–1553) und sein 8.000 Landsknechte zählendes Heer erleben. Den Untergang des Münsteraner Täufertums und sein blutiges Ende erlebte sie allerdings nicht mehr.

Wieder bricht ein hoffnungsloser Tag im Münster der Frühen Neuzeit an. Wir schreiben das Jahr 1534. Hille wacht auf, reibt sich die Augen und räkelt sich für einige Sekunden auf ihrem fürchterlich ungemütlichen Stroh-

Münster,
Prinzipalmarkt mit Lamberti-Kirche.

lager, das sie mit ihrem Mann Psalmus, der dem Rat der Stadt Münster angehört, teilt. Die dünne, durchlöcherte, kratzige Decke, die die beiden wärmen sollte, tat dies nur ungenügend, so daß sich die beiden Eheleute gegenseitig Wärme spendeten, um in den harten Wintern nicht zu erfrieren. Die junge Frau huscht flink zum Herd und entfacht das Feuer darin, damit sie ihrem Mann, sobald dieser erwacht, ein sättigendes, wenn auch kein üppiges Frühstück vorsetzen kann. Jeder Tag ist ein Kampf ums Überleben. Hille hat dieses Dasein so satt. Sie ersinnt einen Ausweg für sich und ihre Lieben.

Hille war nicht die einzige, der es so erging. Das Volk hatte keine Chance aufzubegehren; aller Mut wurde immer wieder von der Obrigkeit und der Kirche unterdrückt. Man hörte so viel von brennenden Leibern Unschuldiger. Waren sie wirklich unschuldig? Revolutionäre Gedanken gestattete sich die beherzte junge Frau nur, wenn sie in der Morgendämmerung versuchte, die karge Stube zu erwärmen. Nicht einmal ihr Mann durfte davon etwas wissen, sonst würde sie wohl seine erhobene Hand spüren. Hille verhielt sich still, dachte nach und lauschte Männergesprächen auf der Straße, sooft es sich anbot. »Wenn es doch nur möglich wäre, aus dieser Enge zu entfliehen und einem freiheitlichen, selbstbestimmten Leben entgegenzugehen«, träumte sich Hille wieder in eine Welt, die ihr für sich, ihre Freunde und Nachbarn eine bessere erschien. Manchmal des Nachts wachte sie auf und mußte erst realisieren, daß ihre Phantastereien alles andere als Wirklichkeit waren.

Zur Zeit der Belagerung Münsters befindet sich die junge Frau aus Friesland mittendrin. Geboren wurde Hille im niederländischen Bauerndörfchen Wirdum als Tochter eines Tagelöhners und einer Mutter, deren Verwandte als kleine Kaufleute ihr täglich Brot verdienten. Später lebte sie mit ihrem Mann in Sneek, einer von Grachten durchzogenen Stadt im südwestlichen Friesland, in der unmittelbaren Nachbarschaft ihres Geburtsortes. Nun war Münster ihre neue Heimat. Sie waren umgezogen, als sich herumgesprochen hatte, daß in der Stadt ein Täuferreich errichtet worden war. Kaufmann Bernd Knipperdolling und dessen Anhänger hatten die städtische Herrschaft übernommen. Für viele war die junge Frau eine Fremde, dennoch fühlte sie selbst sich zugehörig und versuchte zu begreifen, was vor der Tür ihrer Behausung vor sich ging. Mit ihrem Mann konnte sie nicht über die gesellschaftlichen Vorgänge und Veränderungen reden. Er war – wie alle Männer – der Meinung, daß sie als Frau davon nichts verstünde und daß es sie auch gar nichts anginge. Sie gehöre hinter den Herd. Die Meinung ihres Liebsten machte Hille immer wieder traurig, dennoch ließ sie sich das Denken nicht verbieten – von niemandem. Dann kam der Tag, an dem sie ihre Vision von einem freiheitlichen Leben wahr werden lassen wollte.

Jan Matthijs – in Stücke gehauen – war Wurzel und Fundament für Hille Feickens Vorhaben, die Stadt zu befreien. Sie plante ihr Vorhaben pedantisch und nahm Bezug auf die biblische Figur Judith aus dem Alten Testament, mit der sie sich identifizierte. Sie sah sich als von Gott gesandte Heldin und vermochte es sogar, die politischen Entscheidungsträger des Rates der Stadt Münster in ihre Richtung zu lenken. Dennoch sollte es ihr nicht gelingen, ihren optimistischen Plan in die Tat umzusetzen. Was einst in der israelitischen Stadt Bethulia funktionierte, sollte auch Münster zur Befreiung verhelfen: Judith schlug sich damals ins feindliche assyrische Lager und enthauptete den Feldhauptmann. Mit seinem eigenen Schwert streckte sie

Hinrichtung der Wiedertäufer in Münster,
22. Januar 1538.

ihn nieder. Hille dagegen gelangte nicht an ihr Ziel. Sie schaffte es nicht, tausende Leben zu retten. Trotz aller Gefahr übernahm sie Verantwortung für die Gesellschaft und das Schicksal der Münsteraner.

Aus den Verhören vom 26. und 27. Juni 1534 sowie aus Passagen der Darlegungen von Hermann von Kerssenbrock und Heinrich Gresbeck zum Münsteraner Täuferreich geht nicht nur hervor, daß Hille Feicken in Sneek Hab und Gut den Armen und Bedürftigen geschenkt hat. Sie soll außerdem drei Wochen nach ihrem Mann Psalmus ins westfälische Münster gefolgt sein. Hille gibt außerdem an, im Kloster Nießing gewohnt und gearbeitet zu haben. Aus diesen Dokumenten geht ferner hervor, daß ihr Plan verraten wurde. In einem zeitgenössischen Bericht ist verzeichnet, was sich zugetragen hat: Die naturschöne Hille verkleidete sich als wohlhabende Edeldame. Knipperdolling entnahm der Stadtkasse drei Goldringe und zwei Gulden, die er Hille schenkte, damit sie ein Hemd aus feinstem Leinen für den Fürstbischof Franz von Waldeck erwerben konnte. Bevor sie es ihm überreichen wollte, tränkte sie den Stoff mit einem schnell wirkenden Gift. Sie verließ die belagerte Stadt und folgte dem Weg entlang der Stadtmauer nach Telgte, wo sie auf den Kirchenmann zu treffen gedachte. Ungeahnt lief Hille Drosten von Wolbeck (auch genannt Dietrich von Merfeld), seines Zeichens Oberamtmann des Fürstbischofs, in die Arme. Eine ganz einfache List sollte das Mißtrauen des Oberamtmannes besänftigen, der den Grund ihres nächtlichen Ausflugs hinterfragte. Sie erwiderte kühn, daß sie und ihr Mann beschlossen hätten, sich von den Täufern loszusagen. Sie sei soeben auf dem Weg, ihr Vorhaben dem Fürstbischof persönlich zu unterbreiten. Die mitgeführten Geschenke verliehen ihrer Äußerung die nötige Glaubwürdigkeit. Hilles Mission wurde durch Hermann Ramers vereitelt, der zu den Täufern übergelaufen war und das »verschlagene Weib« verriet. Sofort kam die junge Frau in Arrest und mußte sich mehreren Verhören unterziehen. Im Stadtarchiv zu Münster sind noch heute zwei Verhörprotokolle in Reinschrift vom Juni 1534 einzusehen, die zwar blutige Details verschweigen, allerdings offenbaren, daß Hille am zweiten Tag der peinlichen Folter gesteht, die Wiedertaufe empfangen zu haben – ein Akt, der juristisch gesehen ausreichte, sie zu töten. Das Vorhaben, den Bischof umzubringen, gab sie schon im ersten Verhör zu:»Hätte ich es nicht getan, so hätte ich Gott damit erzürnt.« Zudem prangerte sie an, daß es keine Obrigkeit in Münster gäbe, denn wo Ungerechtigkeit sei, müsse doch auch Obrigkeit sein, um diese zu bestrafen.

Hille Feicken, die schöne Frau mit den ebenmäßigen nordischen Zügen, mußte für ihren mißglückten Befreiungsversuch mit dem Leben bezahlen und wurde auf dem Galgenberg zu Bevergern enthauptet. Mit ihrer selbstlosen, couragierten Tat ging sie in die Historie ein, schrieb sozusagen Reformationsgeschichte mit und kann gleichgestellt werden mit Namen wie Katharina von Bora (1499–1552), Ehefrau des Reformators Martin Luther, oder der Äbtissin des Nürnberger Klarissenklosters Caritas Pirckheimer (1467–1532). Obschon sie lediglich als Randnotiz in den Münsteraner Dokumenten angeführt ist, lassen sich heute Hintergründe und Motive ihrer geplanten Tat rekonstruieren. Im Kampf gegen Krieg, Hunger und Unterdrückung brach sie mit den von Männern gemachten Regeln und gab ihr weltliches Leben auf, um dem biblischen Leitbild der Judith gerecht zu werden. In den Augen des Klerus verwandelte sie sich dadurch in eine Ketzerin.

Gräfin Cosel in dem St. Johannisthurm des Schlosses Stolpen.
Die Gartenlaube, 1860, Leipzig.

CONSTANTIA VON COSEL

MÄTRESSE, REICHSGRÄFIN, GEFANGENE
(1680–1765)

Sie zählt zu den berühmtesten Burgen Sachsens: Burg Stolpen. Einem Mythos gleich prangt die Gefangenschaft der schönen Reichsgräfin Constantia von Cosel, die zu den schillerndsten Gestalten der sächsischen Geschichte zählt, über dem einstigen Fürstensitz Augusts des Starken. Dieser verbannte sein kluges Weib seinerzeit in den Burgturm, den heutigen »Coselturm«, um sich ihres Temperaments – man könnte auch sagen ihrer Dominanz – zu entledigen.

Anna Constantia von Cosel, die Tochter des Ritters Joachim von Brockdorff (1643–1719) und seiner Frau Anna Margarethe, wurde am 17. Oktober 1680 im Schleswig-Holsteinischen Gutshof Depenau bei Stolpe geboren. Die Eltern Constantias waren in nicht standesgemäßer Ehe miteinander verbunden, da ihr Vater aus einer der ältesten Adelsfamilien Holsteins stammte, Anna Margarethe aber lediglich eine bürgerliche Kaufmannstochter war.

Das Mädchen Constantia galt schon in jungen Jahren als sehr hübsch und adrett und erhielt für damalige Verhältnisse eine außerordentlich vielfältige Ausbildung. Sie erlernte verschiedene Sprachen, wurde in Mathematik und klassischer Bildung unterrichtet und ritt sowohl im Damen- als auch im Herrensattel. Sie offenbarte vornehmlich ihren ungestümen, eigensinnigen Charakter und war mehr der jungenhafte Typ, der Pfeife geraucht haben soll. Außerdem lag der jungen Frau der Umgang mit dem Gewehr.

Im Alter von 14 Jahren schickten die Eltern die hübsche Kleine an den Hof des Herzogs Christian Albrecht, auf Schloß Gottdorf in die Nähe von Schleswig, wo man ihr eine höfische Ausbildung angedeihen ließ. Constantia diente der Herzogstochter Sophie Amalie als Hoffräulein und folgte ihrer Herrin kurze Zeit später nach Wolfenbüttel in die Residenz des Kunstliebhabers Herzog Anton Ulrich. Hier geriet sie in größte Unannehmlichkeiten, denn sie wurde ungewollt schwanger. Prinz Ludwig Rudolf, der jüngere Bruder des Erbprinzen, soll der Vater gewesen sein. 1702 kam Constantias Kind auf die Welt, woraufhin die junge Mutter vom Welfischen Hof verbannt wurde und zurück zu ihren Eltern nach Depenau ging. Über das Schicksal des Kindes schweigen die Quellen bis heute.

Bereits 1699, als Constantia zarte 19 Jahre alt war, lernte sie den zwölf Jahre älteren Adolph Magnus von Hoym (1668–1723) kennen, den Direktor des sächsischen Generalakzise-Kollegiums. Von Hoym verliebte sich in die junge Schönheit und hielt um ihre Hand an. Die Heirat fand am 2. Juni 1703 statt und die Eheleute zogen auf Schloß Burgscheidungen. Im Jahr darauf war alles Glück jedoch vergessen; Hoym wünschte die Trennung und beschrieb seine Frau als befehlshaberisch und heimtückisch. Anfang des Jahres 1705 reichte er die Scheidung ein, und ein Jahr darauf wurde die Ehe geschieden. Möglicherweise hatte von Hoym von der Existenz des unehelichen Kindes erfahren.

Noch während der Ehe mit Adolph von Hoym lernte Constantia im Jahr 1704, kurz vor Weihnachten, August den Starken kennen, als dieser im Hause der von Hoyms weilte. August sah Constantia und war sofort beeindruckt von ih-

Gräfin Constantia von Cosel, Gemahlin von August I. von Polen,
in ihren späten Lebensjahren und im Exil lebend.
Gemälde aus dem 18. Jh., Schloß Stolpen.

Gräfin Constantia von Cosel.
Gemälde aus dem 18. Jh., Schloß Stolpen.

rer erfrischenden Art. Ihre Schönheit zog ihn in ihren Bann, und als der mächtige Sachse die junge Frau nicht vergessen konnte, holte er sie als Mätresse an seinen Hof. Zwar war August noch mit der Fürstin Teschen liiert, aber Constantia sollte zur offiziellen Mätresse,»Maitresse en titre«, erhoben werden. Von Hoym war seinerzeit der Meinung, daß Constantia nie und nimmer als Konkubine für August geeignet sei.

Damals war August noch mit Christiane Eberhardine von Brandenburg-Bayreuth (1671–1727) verheiratet. Diese hatte sich allerdings seit langem vom Hof abgekehrt und lebte zurückgezogen auf Schloß Pretzsch.

Ende 1705 versprach August seiner Anna Constantia schriftlich die Ehe – eine damals übliche Vorgehensweise. Rechtlich bedeutete das: Sollte der Kurfürst sterben, war Constantia als sogenannte»Frau zur Linken« – als morganatische, das heißt nicht ebenbürtige Ehefrau – legitimiert. Auch die Kinder, die möglicherweise aus dieser Beziehung hervorgingen, hätten ausgesorgt. Constantia hatte sich dieses schriftliche Versprechen ausbedungen, schließlich war sie ein gebranntes Kind. Die heimliche Geburt ihres unehelichen Kindes sowie die Scheidung von Adolph Magnus hatten sie vorsichtig werden lassen. Constantia wollte indes nicht»nur« die Geliebte des Kurfürsten sein, sie gedachte darüber hinaus, legitime Ehefrau zu werden. Dieses Dokument regelte ihre Versorgung und sicherte ihr zu, als Geliebte Augusts im Falle seines Ablebens 100.000 Taler jährlich als Pension sowie das Rittergut Pillnitz zu erhalten.

Auf Betreiben Augusts des Starken wurde Anna Constantia im Februar 1706 von Kaiser Joseph I. in den Rang einer Reichsgräfin von Cosel erhoben. Etwa um diese Zeit beauftragte der Kurfürst seinen Architekten Matthäus Daniel Pöppelmann mit der Neugestaltung des Türkischen Hauses, des heutigen Mittelbaus des Taschenbergpalais in Dresden. Es sollte als Wohn- und Repräsentationssitz für Gräfin Cosel herhalten. Constantia, mittlerweile zum »Zentrum« des sächsischen Hofes avanciert, galt nicht nur als überaus schönes Weib, sondern auch als ehrgeizig, intelligent, explosiv, hochnäsig und gefallsüchtig. Mit ihrer Art machte sie sich nicht nur Freunde. Sie spann Intrigen und deckte nur allzu gern die Verstöße der Minister auf.

Als August beabsichtigte, die polnische Krone zu erlangen, maßte sich Constantia an, die Ambitionen ihres Geliebten zu beeinflussen und stieß naturgemäß auf beachtlichen Protest der Minister. Die polnische Königskrone zu erlangen bedingte jedoch, den katholischen Glauben anzunehmen – für die Protestantin Cosel ein Unding. Besonders ihr Versuch, die Polenpolitik zu beeinflussen, stieß auf Widerstand. Der Kurfürst im protestantischen Kernland Sachsen kämpfte lange um die Wiedergewinnung des Königstitels in Polen, den er nach der Niederlage gegen die Schweden im Großen Nordischen Krieg (1700–1721), dem Feldzug um die Vorherrschaft im Ostseeraum, verloren hatte.

Schließlich wurde die katholische Gräfin Maria Magdalena von Dönhoff (1688–1730), Tochter des polnischen Oberhofmarschalls, die neue Mätresse Augusts. Dieses Verhältnis sollte seine Interessen in Polen begünstigen. Anna Constantia konnte und wollte diese Schmach nicht hinnehmen. Die Eifersüchtige versuchte alles, um die aktuelle Geliebte loszuwerden. In diesem Zusammenhang weigerte sie sich, das schriftliche Eheversprechen herauszugeben. Ihre gefährlichen »Spielchen« waren es schließlich, die den Kurfürsten dazu trieben, die Gräfin Cosel von sich zu weisen. Nach langwierigem Hin und Her verbannte August seine widerspenstige Mätresse 1713 vom Dresdner Hof nach Schloß Pillnitz.

Mitte Dezember des Jahres 1715 floh die Verbannte nach Berlin zu ihrem Vetter Graf Rantzau, der den brisanten Ehevertrag verwahrte. August mußte glauben, sie sei geflohen und könne durch »Plaudern« seine politischen Pläne gefährden. Er ließ die Gräfin Cosel in Preußen verhaften.

Anna Constantia wurde unter preußischer Bewachung am 21. November 1716 zurück nach Dresden gebracht. Der König stellte sie unter Arrest und ließ sie schlußendlich am Heiligen Abend 1716 auf Burg Stolpen bringen. Hier verblieb eine der schönsten Frauen Sachsens 49 Jahre. Constantia starb am 31. Mai 1765 im Alter von 85 Jahren. Mit dem Tod Augusts des Starken am 1. Februar 1733 soll es ihr freigestanden haben, die Burg zu verlassen. Doch sie blieb.

Den drei außerehelich geborenen Kindern Augusta Constantia, Friederike Alexandra und Friedrich August Graf von Cosel ließ August der Starke eine ausgezeichnete Bildung zukommen, verheiratete sie gut und sicherte sie finanziell ab.

Das Leben der Gräfin Cosel wurde dreimal verfilmt, vielfach literarisch verarbeitet und erregt noch immer die Gemüter. Heute sind im Johannisturm der Burg Stolpen, den man der Gräfin wegen »Coselturm« nennt, die Wohnräume der stolzen Frau zu besichtigen. Ausgestellt werden eines ihrer wenigen erhaltenen Porträts, ihre Gebrauchsgegenstände und Mitschriften. In der ehemaligen Burgkapelle liegt ihre Grabplatte.

Charlotte Corday,
nach der Lithographie von Belliard.

CHARLOTTE CORDAY

ATTENTÄTERIN
(1769–1793)

Die Franzosen haben von allen Völkern das meiste dramatische Talent, sowohl im Schaffen wie im Darstellen. Sie sind auf den Brettern daheim, sprechen und bewegen sich auf der Bühne, als sprächen und bewegten sie sich im täglichen Leben. Dafür haben sie indessen auch im täglichen Leben etwas Theatralisches, geraten leicht in Deklamation und berechnen ihre Handlungen instinktiv auf den Effekt, den sie hervorzubringen wünschen. Charlotte Corday war darin echte Französin. So ehrlich entschlossen sie war, ihr Leben für das Heil ihres Vaterlandes hinzugeben, ohne Aufsehen wollte sie es nicht tun. Gleich einem prachtvollen Blitzstrahl wollte sie blenden, schrecken und treffen. Angesichts des Volkes gedachte sie das Opfer zu töten, das sie ihm bestimmte ...   *(Ida von Düringsfeld)*

Am 11. Juli 1793 gegen Mittag stieg in der Straße der Vieux-Augustins Nr. 17, im Hotel de la Providence, ein junges Mädchen ab, welches gerade in Paris angekommen war. Die Schönheit der Fremden hatte bei ihren Reisegefährten sowohl Bewunderung wie Neugier erweckt.

Auf Fragen nach ihrer Herkunft oder nach ihrem Weg antwortete sie lächelnd, aber ausweichend. Am nächsten Morgen kleidete sie sich schlicht und begab sich zu Duperret, dem Freund eines nach Caen geflüchteten Girondisten.

Die Girondisten waren Anhänger der Gironde, der Gruppe der gemäßigten Republikaner in der französischen Nationalversammlung (1791–93) zur Zeit der Französischen Revolution. Sie gehörten zum gehobenen Bürgertum.

Die junge Dame wollte Duperret einen Brief übergeben, fand ihn aber nicht vor. Daher kehrte sie in ihr Gasthaus zurück. Um neun Uhr abends ging sie erneut zu Duperret und bat ihn, sie zu Garat, dem Justizminister zu führen. Dort wollte sie um Dokumente bitten, die einer emigrierten Freundin dienlich sein sollten. Duperret bat um Adresse und Namen. Die junge Frau gab ihm beides: sie hieß Charlotte Corday.

Im Abgehen riet sie Duperret, den Konvent und Paris schnell zu verlassen, doch der wiegelte ab. Sein Posten sei in Paris, antwortete er. Obwohl er der jungen Frau mit Mißtrauen begegnete, führte er sie am folgenden Tag zum Minister, der ihr jedoch keine Audienz gewährte. Inzwischen war Duperret offiziell kompromittiert und bat das junge Fräulein, ihn nicht weiter zu behelligen. Charlotte ging.

Unter den Arkaden des Palais Royal kaufte sie ein Dolchmesser mit einem Griff aus Ebenholz, welches sie unter ihrem Busentuch verbarg. Dann kehrte sie, nachdem sie sich etwas Zerstreuung gesucht hatte, in ihr Zimmer zurück und schrieb ein Billet folgenden Inhalts: »Ich komme von Caen. Ihre Liebe zum Vaterland läßt mich voraussetzen, daß Sie gern von den unglücklichen Ereignissen in diesem Teil der Republik Kenntnis nehmen werden. Ich werde mich gegen ein Uhr bei Ihnen einfinden; haben Sie die Güte, mich anzunehmen und mir einige Augenblicke der Unterredung zu gestatten. Ich werde Sie in den Stand setzen, Frankreich einen großen Dienst zu erweisen.« Dieses

Billet gab sie an der Tür eines Hauses ab, in welchem der Arzt Jean Paul Marat bei Katherine Evrard wohnte. Katherine hatte den radikalen Publizisten und Revolutionär, der den Tod amtierender Minister und des Königs forderte, bei sich aufgenommen. Marat war damals von Keller zu Keller geflohen und hatte sie »Angesichts der Sonne und der Natur« geheiratet – eine der damals gängigen Vermählungsarten. Katherine liebte und bewachte ihn. Nur die engsten Freunde ließ sie zu Marat vor, sie fürchtete nicht ganz unbegründet um ihren Mann. Als Charlotte gegen ein Uhr erschien, wurde sie abgewiesen. Sie schrieb einen zweiten, eindringlicheren Brief.

Um sieben Uhr abends verließ sie abermals ihre Bleibe. Sie war dieses Mal sorgfältiger gekleidet. In ihrem Gesicht war keine Gemütsbewegung zu erkennen.

Marat wohnte im ersten Stock eines finsteren Hauses, in finsteren kleinen Stuben mit alten Möbeln und schmutzigen Tischen, wo das Journal *L'Ami du Peuple* (*»Der Volksfreund«*), ein demagogisches Blatt, gefalzt wurde, welches der Revolutionär herausgab. Hier arbeitete er. »Hier ist mein Palast!« sagte er. »Und hier ist mein Zepter« setzte er hinzu, und zeigte auf seine Schreibfeder. »Rousseau, mein Landsmann, hat nie ein anderes gehabt, und ich habe hiermit die Souveränität aus den Tuilerien in diese Höhle gebracht.«

Auch in dem Augenblick, als Charlotte Corday an die Tür klopfte, führte er sein Zepter. Marat befand sich im Bad und schrieb einen Brief an den Nationalkonvent[1], in wel-

---

1 Konstitutionelle und legislative Versammlung, die vom 20. September 1792 bis zum 26. Oktober 1795 tagte.

chem er die Verurteilung und Proskription der letzten in Frankreich noch geduldeten Bourbonen verlangte.

Katherine verwehrte Charlotte den Zutritt, doch Marat, der irgendwann einmal die eigentümliche Stimme mit dem Silberklang gehört hatte, rief seiner Frau gebieterisch zu, die Fremde einzulassen. Katherine gehorchte widerwillig, ließ aber die Tür angelehnt.

Charlotte stand vor Marat. Die Wanne war mit einem schmutzigen Tuch zugedeckt, eine fleckige Serviette umhüllte seine fettigen Haare. Er liebte das Schmutzige. Auf einem ungehobelten Brett schrieb er. Das blecherne Schreibzeug stand neben ihm auf einem rohen Eichenklotz. Das Gemach war schwach erleuchtet, doch Charlotte konnte sehr wohl seine zurückspringende Stirn, seine frechen Augen, die hervorstehenden Wangenknochen, den ungeheuren grinsenden Mund, magere Arme und Schultern sowie seine gelbe Haut sehen.

Charlotte gab ihm die versprochenen Informationen und zählte ihm die Namen von geflohenen Girondisten auf. Marat notierte sie.

»C'est bon! Dans huit jours ils iront à la guillotine.« (Gut, in acht Tagen werden sie guillotiniert.)

Marat hatte sein letztes Todesurteil gesprochen. Die Attentäterin faßte ihr Messer, stach von oben herunter und durchbohrte die ganze Lunge.

»A moi, ma chère amie!« (Zu mir, meine liebe Freundin!) rief Marat und stieß einen letzten Schrei aus.

Katherine und Marats Kommissionär, Laurent Basse, eilten herbei. Charlotte floh ans Fenster hinter den Vorhang. Das Messer lag am Boden, Marat schwamm in seinem Blut. Laurent stürzte auf Charlotte zu und schlug sie mit einem Stuhl zu Boden. Katherine trat sie mit Füßen. Durch das

Geschrei und Gekreische wurden viele Menschen im Haus und in der Umgebung aufmerksam. Von allen Seiten strömten sie herein ins Zimmer. Inzwischen waren auch Soldaten und Nationalgardisten eingetroffen und nahmen Charlotte in Gewahrsam. Sie mußten sie schützen, denn ein Perückenmacher, ein besonders fanatischer Maratist, schwang heulend das blutige Messer in Richtung Mörderin.

Charlotte stand unbeeindruckt, Marats Geliebte jammerte indessen laut. In der finsteren Wohnung, in Katherines Salon, wurde Charlotte zum ersten Mal verhört. Unter den Vernehmern waren ein Kommissär der Sektion des Théâtre-Français, zwei Administratoren der Polizei und vier Deputierte des Konvents.

Anschließend wurde Charlotte in das nächste Gefängnis, die Abtei, gebracht. Als sie aus dem Haus trat, stürzte der wütende Pöbel auf sie ein, so daß sie ohnmächtig wurde. Im Gefängnis wurde ein zweites Verhör angesetzt. Man durchsuchte ihre Taschen, in denen man Nähzeug und Garn, Geld und eine goldene Uhr, ihren Paß und ihren Taufschein sowie einen Aufruf an die Franzosen, wie Männer auf dem Weg vorzudringen, den ein junges Mädchen ihnen gezeigt haben würde, fand. Charlotte wurde in einen Kerker gebracht und Tag und Nacht von zwei Gendarmen bewacht.

Der vollständige Name der Maratmörderin lautete Marie Charlotte Corday d'Armans. Sie stammte zwar aus einem edlen Geschlecht, war aber arm. Vater, Franz Corday d'Armans, glich eher einem Bauern und bewirtschaftete ein kleines Besitztum, le Ronceray im Dorfe Ligneries, nicht weit von Argentan. Die Einnahmen reichten kaum, um seine fünf Kinder, zwei Söhne und drei Töchter, zu er-

Der Tod des Marat,
Ölgemälde von Jacques-Louis David.

nähren. Die Mutter, Jacqueline Charlotte Marie de Gonthier des Autiers, starb früh. Doch statt sich vernünftig um die Waisen zu kümmern, schrieb der Vater Flugschriften gegen den Despotismus und das Recht der Erstgeburt. Er gehörte zu jenen Adligen, die die Revolution gewünscht hatten, weil sie »etwas anderes« war.

Charlotte, 1769 geboren, kam mit dreizehn Jahren in ein Kloster, wo man arme Fräulein aufnahm, in l`Abbaye-aux-Dames zu Caen. Von der Äbtissin wurde Charlotte bevorzugt. Zudem lernte sie den Neffen der Äbtissin kennen, der Oberst eines Kavallerieregiments war und bei einem Pöbelaufruhr in Caen ermordet wurde. Anfänglich glaubte man, die Liebe zu einem Toten habe Charlotte diese Tat begehen lassen. Doch das Motiv konnte nicht bestätigt werden. Grundlage der Tat war ein Akt patriotischer Schwärmerei. Tatsächlich war die junge Frau einige Jahre eine katholisch-christliche Schwärmerin und wurde im Kloster Philosophin.

In dieser Zeit las sie Jean Jacques Rousseau, Raynal und Plutarch. Charlotte wird als sehr schön, schlank und groß beschrieben. Ihr Patriotismus ging in eine bestimmte Richtung: Haß gegen Marat verbunden mit dem Wunsch, Frankreich möge von ihm befreit werden. Marat war der Bedeutendste unter den Schreckensmännern: Er war am beliebtesten, deklamierte am lautesten, drohte am wildesten. Charlotte sah Frankreich unglücklich und bedroht von außen, gespalten vom Bürgerkrieg. Unter Vorwänden begab sie sich nach Paris.

Frau von Bretteville erinnerte sich später, sie habe neben Charlottes Bett eine alte Bibel beim Buch Judith aufgeschlagen gefunden.

Einmal sagte sie: »Ich weine über Frankreich, die Meinen und Sie. Wer ist sicher zu leben, solange Marat lebt?«
Charlotte wählte den passenden Tag und das passende Umfeld. Sie wollte »Opferpriesterin« sein.

Nach ihrer Tat mangelte es ihr nicht an der gewünschten Öffentlichkeit. Sie hörte ihren Namen unter den Gefängnisfenstern schreien, ja sie ließ sich selbst in aller Eitelkeit porträtieren!
Die Antworten, die sie vor dem Revolutionstribunal gab, sind erhalten:

»Wer hat Ihnen so viel Haß gegen Marat eingeflößt?«
»Ich bedurfte nicht des Hasses anderer, ich hatte genug an meinem eigenen.«
»Diese Tat muß Ihnen eingegeben worden sein!«
»Man führt schlecht aus, was man nicht selbst beschlossen hat.«
»Was hassen Sie an ihm?«
»Seine Verbrechen.«
»Was verstehen Sie darunter?«
»Die Verwüstung Frankreichs.«
»Was hassten Sie, indem Sie ihn töteten?«
»Meinem Lande den Frieden wiederzugeben.«
»Glauben Sie denn, alle Marats getötet zu haben?«
»Nun da er tot ist, werden die andern vielleicht Furcht bekommen.«
»Seit wann hatten Sie diesen Plan gefaßt?«
»Seit dem 31. Mai, da man hier die Repräsentanten des Volkes festnahm.«
Nachdem die Zeugenaussagen geschlossen waren, fragte der Präsident sie: »Was antworten Sie darauf?«

»Nichts, als daß es mir geglückt ist.«

Katherines schluchzende Aussage unterbrach sie mit den Worten:»Ja, ich bin es, die ihn getötet hat.«

Als man ihr das Messer zeigte, wehrte sie es mit der Hand von sich, wandte die Augen ab und sagte:»Ja, ich erkenn' es.«

Fouquier-Tinville, der öffentliche Ankläger, hob die Sicherheit des Stoßes hervor.»Wie es scheint, hatten Sie sich gut eingeübt?«

»Das Ungeheuer – er hält mich für eine Meuchelmörderin!«

Über Charlotte wurde das Todesurteil gefällt.

Schon am 16. Juli war sie aus der Abtei in die Couciergerie gebracht worden, deren Gefängnisse unter dem Saal lagen. Während ihrer Gefangenschaft hatte sie mehrere Briefe geschrieben, den einen an ihren Vater mit dem kindlichen Anfang in der Orthographie der Normandie:»Pardonnaismoi, mon papa.« (Verzeih mir, mein Papa)

Einen vereideten Priester wies sie dankend zurück, wünschte sich dagegen einen Maler.

Nach anderthalb Stunden pochte es leise an die Tür. Es war der Henker, in der Hand die Schere, über dem Arm das rote Hemd des Verurteilten.»Wie? Schon?« fragte Charlotte. Zu ihrem Maler sagte sie:»Mein Herr, ich weiß nicht, wie ich Ihnen für Ihre Mühe danken soll; ich habe nichts als dies, bewahren Sie es zu meinem Andenken.« Damit schnitt sie selbst eine ihrer langen Locken ab und gab sie ihm. Die anderen überließ sie dem Henker. Der Henker warf ihr nun das Armesünderhemd über und band ihr die Hände.

»Diese Todestoilette wird von etwas rauhen Händen gemacht, aber sie führt zur Unsterblichkeit.«

Die Delinquentin wurde von tausenden Schaulustigen erwartet. Dann aber brach ein Gewitter über Paris herein, nur kurz.

»Robespierre, Danton und der Journalist des Terrorismus, Camille Desmoulins, hatten sich an ihrem Wege aufgestellt und betrachteten sie. Adam Luʒ erwartete sie am Eingang der Straße Saint-Honoré und folgte ihr bis zum Schafott. Er wollte sie sterben sehen. Er sah sie mit unaussprechlicher Bewegung in ihrer jungfräulich-majestätischen Ruhe, die sich nicht eine Sekunde verleugnete. Nur als sie des Schafotts zuerst ansichtig wurde, soll sie leicht erblaßt sein. Gleich darauf indessen kehrte die Farbe auf ihre Wangen zurück. So schnell und sicher, wie das schleppende Gewand und die gefesselten Hände es ihr erlaubten, stieg Charlotte die Stufen zum Schafott hinan. Sie schwieg auch jetzt, wie sie während der ganzen Fahrt geschwiegen hatte. Unter allen Opfern der Revolution ist kein zweites mit dieser wortlosen Größe, dieser triumphierenden Heiterkeit gestorben wie Charlotte Corday.«

(Ida von Düringsfeld)

Bevor Charlottes Haupt fiel, schlug sie der Henker auf die Wange; dafür mußte er später büßen. Viele, die Charlottes Hinrichtung sahen, ob mit Genugtuung oder voller Abscheu, wurden später selbst Gerichtete, wie es die Geschichte der Französischen Revolution noch zeigen sollte.

Lassen wir zum Schluß noch einmal die Schriftstellerin Ida von Düringsfeld zu Wort kommen: »Es gibt Frauennaturen, die unter allen Umständen echt weiblich bleiben und sich, wie die entrückten Heiligen, immer schwebend über dem oft unreinen Boden der Aktualität erhalten. Es gibt aber eben so viele, die, ohne zur Masse zu gehören, sich gleich dieser von jeder Strömung ergreifen lassen, sie möge unrein oder rein sein. So war Charlotte von dem Opferwahn der Revolutionszeit erfaßt worden, und da Blutvergießen eben an der Tagesordnung war, so vergoß sie Blut. In andern Zeiten wäre sie wahrscheinlich barmherzige Schwester geworden, aber damals kannte man nur die blutige Aufopferung. Charlotte Corday kann selbstverständlich nicht als Beispiel hingestellt werden, aber ebensowenig bedarf sie einer eigentlichen Rechtfertigung. Sie war eines der rührendsten Opfer jener entsetzlichen Epoche, und als solches dürfen wir sie von ganzem Herzen bemitleiden.«

Luise, Königin von Preußen,
Gemälde von Gustav Richter, 1797.

LUISE VON PREUSSEN

SYMBOLFIGUR DES NATIONALEN WIDERSTANDS (1776–1810)

In den nur 34 Jahren ihres Lebens schaffte es Luise Auguste Wilhelmine Amalie Herzogin zu Mecklenburg, unsterblich zu werden. Auf glückliche Kinder- und Jugendjahre folgte eine Zeit von Not, Kampf und Leid. Tapfer erduldete die Mutter von zehn Kindern ihr schweres Los und wurde frühzeitig als Patriotin verklärt. Über sich selbst sagte sie einst: »Wenngleich die Nachwelt meinen Namen nicht unter den Namen der berühmten Frauen nennen wird, so wird sie doch, wenn sie die Leiden dieser Zeit erfährt, wissen, was ich durch sie gelitten habe, und sie wird sagen: sie duldete viel und harrte aus im Dulden.«

Schon Theodor Fontane (1819–1898) bemerkte, daß Luise die Verleumdung ihrer Feinde und ihrer Verherrlicher leidvoll zu ertragen hatte. Preußens Herzdame waren Enttäuschungen und Krankheiten genauso zermürbend auferlegt wie die Tatsache, daß sie ein Dasein im Schatten ihres Mannes führte sowie eine bestimmende Rolle zur bürgerlich-progressiven Erneuerung Preußens spielte. Sie soll 1808 gesagt haben: »Wir sind von der neuen Zeit nicht fortgeschritten, deshalb überflügelt sie uns.« Luise hatte begriffen, daß sich in Europa starke Umwälzungen vollzogen. Sie war die Stütze von Preußens progressiven Reformern, gleichzeitig beseitigte sie Hemmnisse und nahm eine nicht unbeträchtliche Vermittlerrolle ein. Ihre Stel-

Friedrich Wilhelm III., der Gemahl Königin Luises.
Eine friedliebende und rechtschaffene Natur, mußte er doch die
Napoleonischen Stürme an der Spitze des preußischen Staatswesens
durchstehen: den tiefen Sturz von 1806 und den mühsam-steilen
Wiederanstieg in den Freiheitskriegen.

*Potsdam, Stadtschloß (im Zweiten Weltkrieg zerstört,
die Reste 1959 abgerissen): Paradebett der Königin Luise.*

Das Schlafzimmer Luises im Schloß Paretz.
Die schlichte Ausstattung zeigt, wie sehr es Luise mit der »gnädigen
Frau von Paretz« ernst war.

Die königliche Familie im Schloßpark zu Charlottenburg.

Luise und Friedrich Wilhelm III. in jungen Jahren.

lung innerhalb der Zeit der Umwälzungen macht sie zu einer starken, vorbildhaften Frau. Wie aber wurde Luise zur Patriotin, als die man sie noch heute kennt und schätzt?

Luise selbst war der Meinung, daß ihre Großmutter, Prinzessin George (Maria Luise Albertine von Leiningen-Dagsburg-Falkenburg, 1729–1818), einen immensen Anteil an ihrem geistigen Heil hatte. Sie fühlte sich bis zu ihrem Tod in der Schuld der Großmutter. Am Tag ihrer Geburt – der sechsten im Leben ihrer Mutter Friederike Caroline Luise von Hessen-Darmstadt (1752–1782) – war niemandem in Hannover klar, daß aus der Kleinen einmal das Sinnbild im Kampf gegen Napoleon werden würde. Statt dessen mußte sich die Mutter entschuldigen, erneut Nachwuchs schwachen Geschlechts zur Welt gebracht zu haben.

Schon zur Geburt Luises war die Welt in Bewegung und geriet stetig weiter in Wallung. Die Eltern waren angesehen, lebten in einem snobistisch geprägten Umfeld voller Heiterkeit und Glück. Nach dem Tod der Mutter wird die sechsjährige Luise von ihrer Großmutter und Salomé de Gélieu (1742–1820) erzogen. Der kleine Wildfang – von ihrem Umfeld »Jungfer Husch« oder »unsre tolle Luise« genannt – war alles andere als eine eifrige Schülerin. Im Frühjahr 1793 stellte man Luise gemeinsam mit ihrer Schwester Friederike dem preußischen König Friedrich Wilhelm II. (1744–1797) vor. Dieser soll bemerkt haben: »Wie ich die beiden Engel zum ersten Mal sah, es war am Eingang der Komödie, so war ich so frappirt von ihrer Schönheit, daß ich ganz außer mir war, als die Großmutter sie mir präsentirte. Ich wünschte, daß meine Söhne sie sehen möchten und sich in sie verlieben.«

Die geborene Herzogin zu Mecklenburg traf am 14. März 1793 zum ersten Mal mit dem 22jährigen Kronprinzen

Friedrich Wilhelm zusammen. Schon fünf Tage darauf machte ihr der junge Mann einen Heiratsantrag, und Ende des darauffolgenden Monats fand sogleich die offizielle Verlobung der beiden statt. Es heißt, die Eheleute seien sich sehr zugetan gewesen, liebten sich tatsächlich, dennoch war das Leben am preußischen Hof für die junge Frau kein einfaches. Sie mußte sich in hohem Maße anpassen, um mit ihrem unkonventionellen Auftreten nicht unangenehm aufzufallen. 17 glückliche Jahre waren den Eheleuten beschieden, und innerhalb dieser gebar Luise zehn Kinder. Nur drei davon überlebten die Kindheit nicht.

Den Höhepunkt ihres politischen Einflusses erreichte Luise im Oktober 1806, als Napoleon (1769–1821) gegen Preußen in die Schlacht zog. Es herrschte das reinste Chaos. Die Eheleute mußten sich trennen. Luise flüchtete mit den Kindern und ihrem Leibarzt Christoph Wilhelm Hufeland (1762–1836) sowie der Gräfin Voß über Auerstedt, Weimar und Blankenhain bis nach Königsberg, wo sie an Typhus erkrankte. Sie flüchtete trotz der schweren Krankheit weiter nach Memel, um nicht in die Hände Napoleons zu fallen. Es war die einzige Chance, ihm zu entkommen. Bald traf auch Friedrich Wilhelm III. (1770–1840) in Memel ein.

Der 6. Juli 1807 sollte zu einem ganz besonderen Tag in Luises Leben werden. Liebenswürdig unterwürfig traf sie in einem silbern durchwirkten weißen Kreppkleid auf Napoleon Bonaparte. Luise erlebte Napoleon völlig anders, als man ihn im Vorfeld dargestellt hatte. Nicht das erwartete Ungeheuer saß ihr gegenüber, sondern ein eindrucksvoller, scheinbar hochintelligenter Mann, mit dem sie eine angenehm interessante Plauderei führen konnte. Die beiden sprachen über vielerlei, auch über die Friedensver-

Die denkwürdige Begegnung von Memel (10. Juni 1802).
Sie legte den Grund für eine lebenslange Verbundenheit zwischen
dem russischen Kaiser und dem preußischen Königspaar und wies
der preußischen Außenpolitik bis auf Bismarck die Richtung.

handlungen, doch diesem Thema wich Napoleon aus und machte der Schönen Komplimente bezogen auf ihre Kleidung. Lediglich die Frage, warum die Preußen so gedankenlos seien, ihn, den großen Napoleon, anzugreifen, war politischer Natur. Die Erwiderung Luises dazu ging in die Geschichte ein:»Der Ruhm Friedrichs des Großen hat uns über unsere Mittel getäuscht.« Beide, sowohl Luise als auch Napoleon, äußerten sich wohlwollend über das Gespräch. Seine frühere Ansicht, Luise sei schuld am Ausbruch des Krieges, revidierte der Diktator. Er schrieb an seine Frau Josephine:»Gestern hat die Königin von Preußen mit mir diniert. Ich musste mich tüchtig wehren, da sie mich zwingen wollte, ihrem Mann noch einige Zugeständnisse zu machen. Aber ich war nur höflich und habe mich an meine Politik gehalten. Sie ist sehr reizvoll.«

In der Folge zeigte sich Luise oft niedergeschlagen. Es fiel ihr schwer, den Ehegatten immer wieder aufzubauen, dennoch schaffte sie es eins ums andere Mal. Ständig drückten Krankheiten sie nieder. Das Klima in Königsberg machte ihr obendrein zu schaffen. Ihre Gesundheit ließ sich bis zu ihrem Tod nicht wieder komplett herstellen. Eine als nicht lebensbedrohlich eingeschätzte Lungenentzündung führte überraschend zum Tod. Bei der Obduktion stellte sich heraus, daß ein Lungenflügel zerstört war. Außerdem wurde eine Geschwulst im Herzen entdeckt. Im Tagebuch der Gräfin Voß ist dazu zu lesen:»Die Ärzte sagen, der Polyp im Herzen sei eine Folge zu großen und anhaltenden Kummers.« Napoleon habe auf die Todesnachricht ausgerufen, eine große Feindin verloren zu haben. Ob er einzuordnen wußte, welch weitreichenden Einfluß – politisch und gesellschaftlich – Luise ausübte, ist nicht belegt.

Der bescheidene Landsitz »Auf den Huben« vor den Toren
Königsbergs wurde für Luise zu einer Art von sarmatischem
Tuskulum. Hier widmete sie sich besonders eifrig dem
Geschichtsstudium, das ihr zur klärenden Besinnung verhelfen sollte.
Das Gut trug ihr zu Ehren später den Namen »Luisenwahl«.
Das Bild zeigt die Königin mit ihren Söhnen im Park des Gutes.

Mon cher Père je suis bien
heureuse aujourd'hui come
Votre fille et come Épouse du
meilleur des Époux.

Louise

Neu Strelitz ce 28 Juin
1810

Die letzten Zeilen von Luises Hand.

Erste Formen des öffentlichen Gedenkens und Erinnerns zeigten sich schon zehn Tage nach dem Tod der Königin, als von der Bürgerschaft von Gransee der Antrag gestellt wurde, ein Denkmal dort zu errichten, wo der Leichenzug auf dem Weg nach Berlin nächtigte. Kein Geringerer als der preußische Baumeister und Architekt Karl Friedrich Schinkel (1781–1841) lieferte den Entwurf; die Einweihung des Denkmals fand am 19. Oktober 1811 statt. Drei Jahre nach ihrem Tod stiftete Friedrich Wilhelm III. (1770–1840) ein eisernes Kreuz, welches er eigenhändig entworfen hatte. Die Fertigung wurde durch Schinkel ausgeführt. Im Folgejahr wurde der Luisenorden gestiftet, welcher Frauen für besondere Verdienste verliehen wurde.

So anmutig und schön die Königin von Preußen auch immer wieder dargestellt wird, so volkstümlich und tugendhaft – und alles andere als blasiert – war sie in den Augen ihrer Anhänger. Die Beweggründe ihres Handelns wechselten vor dem Hintergrund der Historie, in welche sie hineingeboren wurde. Luise wurde für viele zu einem Leitbild. Der Frühromantiker und Philosoph Novalis (Georg Philipp Friedrich Freiherr von Hardenberg, 1772–1801), Dramatiker Heinrich von Kleist (1777–1811), Schriftsteller Jean Paul (1763–1825) und der Literaturhistoriker und Literaturkritiker August Wilhelm Schlegel (1767–1845) hielten mit ihrer überschwänglichen Verehrung nicht hinterm Berg. Der damalige Luisenkult mag auf die Bewährung dieser Frau in schweren Zeiten zurückzuführen sein. Die lebensbejahende bürgerliche Schönheit brachte viele Opfer, litt für ihr Land und nahm Erniedrigungen auf sich. Infolge ihrer Unerschütterlichkeit wurde sie zur Heiligen stilisiert.

Heute verehrt man Luise von Preußen nicht mehr in dem Maß. Schon nach dem Zweiten Weltkrieg, als Preußen

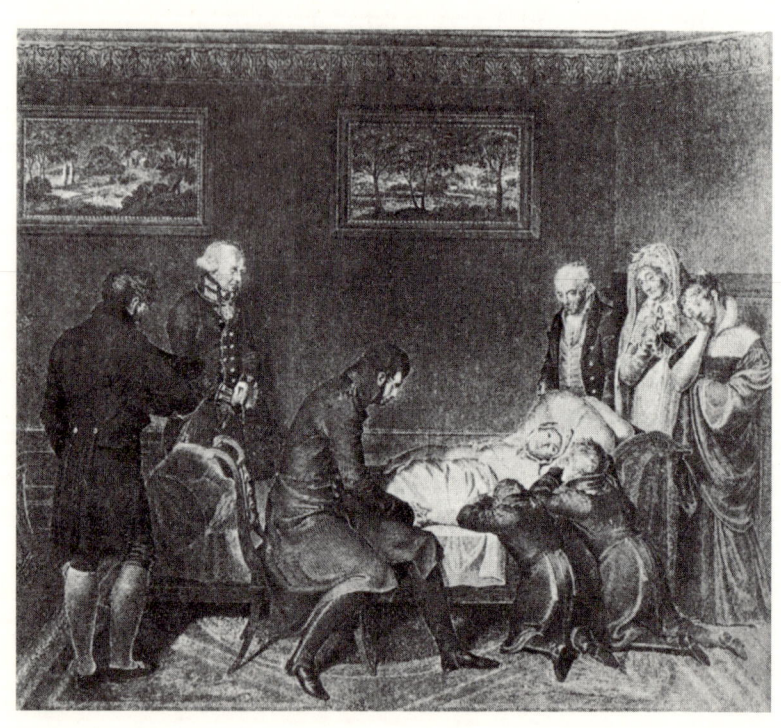

Luise auf dem Sterbelager, umringt von ihren Angehörigen.

Luises letzte Ruhestätte: das Mausoleum zu Charlottenburg.

gleichgesetzt war mit Militarismus, endete das Wohlwollen ihr gegenüber. Der Mythos um sie herum wurde mitunter kritisch betrachtet. Darüber hinaus verschob sich das Frauenbild, das Luise einst verkörperte. Das Ideal der treuen Ehefrau und Mutter, die ihrem Vaterland dient und erduldet, was ihr auferlegt wird, war nicht mehr modern und hatte schließlich an Reiz eingebüßt. Nichtsdestotrotz stellt Luise Königin von Preußen auch heute noch eine interessante, attraktive Persönlichkeit dar, derer in Literatur und Kunst gedacht wird oder die als nationale Leitfigur lebendig bleibt und den Tourismus ankurbelt.

Das letzte Antlitz: Totenmaske der Königin von Preußen.

Madame Récamier.

Gemälde von Madame Morin, Schloß Versailles.

JULIE RÉCAMIER

DIE SCHÖNSTE FRAU DER WELT
(1777–1849)

Unter den berühmten Frauen des Direktoriums, des Konsulats, des Kaiserreichs und der Restauration ist vor allem eine zu nennen, deren Namen die ganze Welt kennt, obwohl man eigentlich nur von ihr sagen kann, dass sie sehr schön war: Juliette Récamier. Sie hat weder eine ausschlaggebende politische Rolle gespielt, noch als Schriftstellerin, Schauspielerin oder auf irgendeinem anderen Gebiete Erfolge davongetragen. Und doch gilt sie als die Repräsentantin einer großen Epoche. Sie hat die bedeutendsten Männer ihrer Zeit begeistert und von ihrem Salon aus Einfluß auf alle wichtigen Fragen der Politik, der Gesellschaft, der Kunst, der Literatur und des Geschmacks genommen.« *(Gertrude Aretz, Berühmte Frauen der Weltgeschichte, Bern 1940)*

Jeanne Françoise Julie Adélaïde Bernard wurde am 4. Dezember 1777 in Lyon geboren. Ihr Vater, der Notar Jean Bernard, ermöglichte seiner Tochter eine Kindheit und Jugend in vermögenden Verhältnissen. Das Mädchen Julie lebte einige Jahre im Mädchenkloster La Déserte. Dort ließ man ihr eine hervorragende Erziehung angedeihen. Im Anschluß ging sie mit der Mutter nach Paris, um dort Unterweisung in Gesangskunst zu erhalten und weiterführend das Klavier- und Harfespielen zu erlernen. Die zwölfjährige Julie war einst mit der Mutter Gast in Versailles gewesen. Königin Marie Antoinette (1755–1793), die auf der Guillotine enden sollte, zeigte sich ausnahmslos begeistert von Julies Anmut: »Meine Liebe, ach, wie allerliebst Ihr doch seid. Euer Antlitz zieht mich in seinen Bann. Euer Gang ist so anmutig, daß es mir nicht möglich ist, mich euch zu entziehen. Ihr zieht die Blicke der Umstehenden auf euch. Man kann nicht umhin, euch anzuschauen. Seid ihr euch eurer Schönheit bewußt, meine Liebe?«

Als 15jährige heiratete Julie den 26 Jahre älteren Bankier Jacques-Rose Récamier, einen Freund der Familie. Quellen berichten, daß diese Ehe rein platonischer Natur gewesen sein soll. Julie wurde Madame Récamier genannt und galt in ihrem Umfeld und darüber hinaus als außergewöhnliche Schönheit. Ihr geistreicher und liebenswürdiger Charakter wurde besonders geschätzt. Die junge Frau betrieb einen Salon in Paris, der sich bald als eine bedeutsame Möglichkeit der Zusammenkunft der oberen Gesellschaft etablierte. Sogar Kritiker und politische Gegenspieler Napoleons gingen hier ein und aus. Zu ihnen zählten neben Madame de Staël (1766–1817), einer engen Bekannten der schönen Julie, der französische Schriftsteller, Diplomat und Politiker François-René de Chateaubriand (1768–1848), der Schriftsteller, Politiker und Staatstheoretiker Benjamin Constant (1767–1830) sowie die Generäle Jean-Victor Moreau (1763–1813) und Jean-Baptiste Bernadotte (1763–1844).

Um ein Haar wäre die junge Schöne zur Hofdame von Kaiserin Joséphine (1763–1814) geworden, allerdings weigerte sie sich, diese Position zu bekleiden. Vor allem die Verbandelungen mit den Königlichen und denen, die gegen Napoleon ins Feld zogen, ließen die Gefahr steigen, daß Julie Récamier politisch verdächtig wurde. Napoleon

Madame Récamier.
Gemälde von Jacques-Louis David, Paris, Louvre.

ließ Madame Récamiers Salon tatsächlich im Jahr 1803 wegen angeblicher staatsfeindlicher Umtriebe schließen. Ihre Freundin Madame de Staël lud die in Gefahr Gekommene in die Schweiz ein. Dort traf sie auf Prinz August von Preußen, der sich in die überaus elegante Frau verliebte. 1807 versprachen sich die beiden die Ehe, heirateten aber nicht, vielmehr blieb Julie bei Jacques-Rose.

August schrieb:»Ich schwöre bei meiner Ehre und meiner Liebe, das Gefühl, das mich an Juliette Récamier bindet, in all seiner Reinheit zu bewahren, alle durch die Pflicht gebotenen Schritte zu unternehmen, um mich ihr durch das Band der Ehe zu verbinden, und keine Frau zu besitzen, solange ich die Hoffung habe, mein Geschick mit ihrem zu vereinen.«

Napoleon reichte die Schließung des Salons in der Folge nicht aus; er verbannte die Schöne 1811 komplett aus Paris. Erst einmal fand sie in Châlons-sur-Marne, dann in Lyon Heimat und reiste im März 1813 weiter nach Italien, um schließlich in Rom anzukommen. Ende des ereignisreichen Jahres traf die mittlerweile 38jährige mit dem französischen Kavallerieoffizier Joachim Murat (1767–1815) und dessen Frau Caroline Bonaparte (1782–1839), der Schwester Napoleons, in Neapel zusammen. Eine langjährige freundschaftliche Beziehung entstand. Nachdem Napoleon im April 1814 gestürzt worden war, ging Julie nach Paris zurück und eröffnete ihren Salon von neuem. Als ihr Mann einen zweiten Bankrott erlebte, trennte sich Julie von ihm und ging nach Abbaye-aux-Bois in ein Damenstift.

Julie Récamier, als die schönste Frau der Welt bezeichnet, wurde von zahlreichen bedeutenden Künstlern auf Leinwand gebannt, unter ihnen François Gérard (1770–1837) und Jacques-Louis David (1748–1825). 71 Jahre wurde sie, ehe sie an der Cholera starb. Ihre letzte Ruhe fand die elegante Frau auf dem Friedhof von Montmartre in Paris.

Julie Récamier adoptierte ihre Nichte, Madame Lenormant, die schließlich 1859 das zweibändige Buch »Souvenirs et correspondance tirés des papiers de Madame Récamier« [Erinnerungen und Briefwechsel aus den Aufzeichnungen von Madame Récamier – d. Verf.] herausbrachte.

Helmina von Chézy schrieb in ihren »Erinnerungen aus meinem Leben«: »Eine heilsame Einwirkung auf mein Gemüth hatte der Umgang mit der liebenswürdigen, edlen Juliette Récamier, mit ihrer herrlichen Freundin Annette de Gérando, mit Camille Jordan, und einigen andern wakkern Leuten. Madame Récamier, der wegen ihrer Schönheit Vielberühmten, ist von einigen Menschen nicht völlige Gerechtigkeit wiederfahren, weil sie, die fast noch ein Kind war, ganz mit der Welt unbekannt, durch ihre Verbindung mit dem reichen Banquier Récamier sogleich in glänzende Verhältnisse kam, und in den Strudel der großen Welt im üppigen Paris hineingerissen wurde. Der himmlische Vater wollte nicht, daß so viel Schönheit, Anmuth, Gutmütigkeit und Sittsamkeit, als in Julietten vereinigt lag, zu Grunde ginge. Sie blieb rein und gut, und bildete sich, durch den Einguß ächter tugendhafter Freunde und Freundinnen, zu einem Musterbild der Frömmigkeit, Herzensgüte, des Edelmuths und strenger Sittenreinheit aus. War sie in den Tagen ihres Glanzes, wenn gleich rechtschaffen und keusch, dennoch weltlich und etwas eitel, so zeigte sie sich hingegen im Unglück groß, und ging mit Glanz, als eine wahre Christin, aus vielen und schweren Prüfungen hervor.«

Bettina von Arnim.
Radierung von Ludwig Emil Grimm, 1859.

BETTINA VON ARNIM

DEUTSCHLANDS ERSTE SOZIALKÄMPFERIN
(1785–1859)

Ihr »Königsbuch« mißfiel gewissen Kreisen sehr, und besonders war ihr Schwager Savigny – schon Justizminister – ungemein unzufrieden. In einer Gesellschaft abends bei ihm wurde Bettina wegen des Buches lebhaft angegriffen und geneckt, sie sagte im Trotz, es würden noch mehrere Bände folgen, für die möge man etwas Ärger sparen, die würden dessen noch mehr anregen. Savigny sagte kopfschüttelnd: »Noch mehrere Bände? Es ist an Einem schon viel zu viel!« Da ergrimmte Bettina denn doch, und sagte vor allen Leuten: »Ich muss doch dem König vollkommen klar machen, daß er Esel zu Ministern hat, das kann ich nicht in aller Kürze.« Man schwieg erschrocken, auch Savigny, der vergebens zu lächeln versuchte, es wurde ein Grinsen daraus. *(Heinrich Heine an Varnhagen von Ense)*

Als siebtes von insgesamt zwölf Kindern der Maximiliane von La Roche (1756–1793; Tochter der Schriftstellerin Sophie von La Roche) und des Großkaufmanns und Diplomaten Peter Anton Brentano (1735–1797) wurde Bettina am 4. April 1785 in Frankfurt am Main geboren. Die Brentanos waren italienischen Ursprungs und als alteingesessener Adel recht begütert. Der Familie gehörte beispielsweise die Ex- und Importfirma, deren Hauptsitz »Haus zum Goldenen Kopf« genannt wurde. Bettina sollte eines Tages ein gewichtiges Erbe antreten.

Da die Mutter starb, als das Mädchen acht Jahre alt war, wurde Bettina noch fünf Jahre in der Ursulinenschule Fritzlar erzogen. Nachdem auch der Vater verstorben war, lebte Bettina bei ihrer Großmutter Sophie von La Roche in Offenbach und Frankfurt am Main sowie eine gewisse Zeit bei ihrer Schwester in Marburg und schließlich Berlin. Im Zuge ihrer Reisen lernte sie den Komponisten Ludwig van Beethoven (1770–1827) kennen. Obwohl Bettina und Ludwig sich nur dreimal über den Weg gelaufen sein sollen, hinterließen diese Begegnungen einen nachhaltigen Eindruck bei Bettina.

1811 heiratete Bettina Brentano den Schriftsteller Achim von Arnim (1781–1831), den berühmten Autor von »Des Knaben Wunderhorn«. Die beiden hatten sich in Frankfurt am Main kennengelernt. Bettinas Bruder Clemens und Achim von Arnim waren literarische »Arbeitskollegen«. Zwanzig gemeinsame Jahre waren den Eheleuten beschieden, bis Achim starb. Überwiegend lebte das Paar räumlich voneinander getrennt. Bettina fand ihren Lebensmittelpunkt in Berlin, Achim mußte auf Gut Wiepersdorf bleiben, um vor Ort die Landwirtschaft voranzutreiben und den Hof zu bewirtschaften. Dennoch entsprangen der Ehe sieben Kinder.

Bettina hatte wahrlich nicht nur eine literarische Begabung, sondern engagierte sich in der Öffentlichkeit auf vielfältigste Weise wohltätig. Ihre soziale Ader wurde erst nach dem Tod ihres Mannes bekannt. Sie scheute sich nicht, während der verheerenden Choleraepidemie in Berlin Hilfsmaßnahmen einzuleiten, sogar selbst in den Armenvierteln tätig zu werden und Erkrankte aufopferungsvoll zu pflegen.

Bettina von Arnim mit dem Entwurf ihres Goethe-Denkmals,
Radierung im Kupferstichkabinett Dresden.

Als Preußenkönig Friedrich Wilhelm IV. (1795–1861) den Thron bestieg, veröffentlichte Bettina »Dies Buch gehört dem König« – fiktive Gespräche zwischen Goethes Mutter und der Mutter Friedrich Wilhelms. Das Werk wurde in Bayern bald verboten.

Jacob Burckhardt (1818–1897), seines Zeichens Kunst- und Kulturhistoriker, traf des öfteren mit Bettina von Arnim zusammen und charakterisierte seine Bekannte gegenüber der Schwester Louise folgendermaßen: »Ein 54-jähriges Mütterchen, klein aber von schöner Haltung, mit wahrhaften Zigeunerzügen im Angesicht, aber so wunderbar interessant wie selten ein weiblicher Kopf; schöne, echte kastanienbraune Locken, die braunsten, wundersamsten Augen, die mir je vorgekommen sind.«

Als schließlich die Revolution von 1848 fehlschlug, setzte Bettina von Arnim ihr Werk mit »Gespräche mit Dämonen« fort. Sie plädierte darin für die Abschaffung der Todesstrafe sowie die politische Gleichstellung von Frauen als auch von Juden. Vom König forderte die couragierte Schriftstellerin die Begünstigung freiheitlich-demokratischer Neigungen und daß er endlich ein »Volkskönig« werden solle.

Zahlreiche Briefe kostete es Bettina von Arnim, statistische und empirisch belegte Angaben zu suchen für ihr »Armenbuch«. Die Schriftstellerin erregte damit ungeheure Beachtung, und so war es nicht verwunderlich, daß das Buch schon vor dem Erscheinungstag von der preußischen Zensur verboten wurde. Ein Auszug aus dem »Armenbuch« erklärt das Mißtrauen der Herrschenden nur zu gut: »Wer ist des Staates Untertan? Der Arme ist's! – Nicht der Reiche auch? Nein, denn seine Basis ist Selbstbesitz und seine Überzeugung, daß er nur sich angehöre! Den Armen

Bettina von Arnim,
Stich nach Armgart von Arnim (ihre Tochter),
Kopie einer Miniatur eines unbekannten Künstlers.

fesseln die Schwäche, die gebundenen Kräfte an seine Stelle. Die Unersättlichkeit, der Hochmut, die Usurpation fesseln den Reichen an die seine. Sollten die gerechten Ansprüche des Armen anerkannt werden, dann wird er mit unzerreißbaren Banden der Blutsverwandtschaft am Vaterlandsboden hängen, der seine Kräfte der Selbsterhaltung weckt und nährt, denn die Armen sind ein gemeinsam Volk, aber die Reichen sind nicht ein gemeinsam Volk, da ist jeder für sich und nur dann sind sie gemeinsam, wenn sie eine Beute teilen auf Kosten des Volkes.«

Bettina von Arnim wurde verdächtigt, bei der Anzettelung des Schlesischen Weberaufstands 1844 mitgewirkt zu haben. Sie tritt der demokratischen Bewegung des Vormärz bei. Das politische Engagement der intelligenten Frau blieb den Behörden nicht verborgen. Man beobachtete sie nicht nur argwöhnisch, sondern verurteilte sie sogar im Jahr 1847 im Magistratsprozeß zu zwei Monaten Gefängnisstrafe – damals die höchste Strafe, zu der man eine adlige Person verurteilen konnte. Neben aller Kontrolle behielt sie ihren Salon und schaffte es, während der 1948er Revolution Flugblätter zu publizieren. Außerdem war sie daran beteiligt, für die Freilassung des Schriftstellers, Theologen und Revolutionärs Gottfried Kinkel (1815–1882) zu kämpfen.

Im Alter von 69 Jahren erlitt Bettina von Arnim einen Schlaganfall. Sie konnte nie wieder vollständig genesen und war seither einseitig gelähmt. Zu allem Unglück verlor sie außerdem ihr Seh- und Hörvermögen und starb schließlich im Kreise ihrer Familie am 20. Januar 1859. Ihre letzte Ruhe fand die Frauenrechtlerin und erste Sozialkämpferin Deutschlands neben ihrem Mann Achim von Arnim an der Kirche von Wiepersdorf.

Anläßlich ihres 200. Geburtstags wurde 1985 die Bettina-von-Arnim-Gesellschaft in Berlin gegründet, die das Leben und Werk der Autorin einer breiteren Öffentlichkeit bekannt machen möchte. Bettina von Arnim ist auf dem 1992 erschienenen 5-DM-Schein der letzten D-Mark-Banknotenserie abgebildet.

Lola Montez

LOLA MONTEZ

DIE GRÖSSTE SKANDALNUDEL EUROPAS (1821–1861)

König Ludwig I. von Bayern (1786–1868) erhob seine Geliebte Elizabeth Rosanna Gilbert 1847 zur Gräfin Marie von Landsfeld. Besser bekannt ist die Sängerin und Tänzerin irischer Abstammung als Lola Montez. Lola – diesen Kosenamen für Dolores (Schmerz) – behielt sie ihr Leben lang. Sie sagte von sich: »Die Leidenschaft des afrikanischen Blutes, das in meinen Adern fließt, kommt von meiner Abstammung.«

Ihre Kindheit verbrachte Elizabeth in Indien. Die Tochter des schottischen Offiziers Edward Gilbert und der irischen Landadeligen Eliza Oliver wuchs nach dem Tod des Vaters bei Familienangehörigen auf und besuchte später ein Internat für höhere Töchter. Im Alter von 16 Jahren heiratete Elizabeth den Offizier Thomas James. Die beiden verließen die Heimat und gingen im Jahr darauf nach Indien. Schon 1839 trennte sich das Paar und 1842 kam die zukünftige Lola Montez nach London zurück. Sie beschäftigte sich intensiv mit der spanischen Sprache und den Tänzen des ihr lieb gewordenen Landes. 1843 kam Elizabeth mit einer neuen Identität von einem Spanienaufenthalt zurück und führte seither den Namen »Maria de los Dolores Porrys y Montez«, kurz »Lola Montez«. Sie gab sich ab diesem Wendepunkt in ihrem Leben als Tänzerin aus Sevilla aus. Zwar konnte sie mit einem erfolgreichen Debüt einen ge-

Lord William Henry Cavendish-Bentinck,
Generalgouverneur von Bengalen und Indien, und seine Gattin,
die sich mit Lolas Eltern anfreundeten.

wissen Bekanntheitsgrad erlangen, wurde allerdings schon Anfang des Sommers 1843 entlarvt und flüchtete nach England.

Eine wahrhafte Odyssee begann für die junge Frau, die noch nicht ahnte, bald eine königliche Mätresse zu sein. In jedem Fall führte sie ein amourös bewegtes, abenteuerliches Künstlerdasein und lernte ganz Europa kennen. Nicht nur aufgrund ihrer tänzerischen Auftritte machte Lola von sich reden; zahlreiche Affären zogen Skandale nach sich, so auch im thüringischen Reuß-Ebersdorf.

Fürst Heinrich LXXII. (1797–1853) galt als lebensbejahender Junggeselle. 1843 lud er Lola Montez nach Ebersdorf ein. Die Schöne mit den schwarzen Haaren zeigte sich launenhaft, arrogant und hochmütig. Nach geraumer Zeit wurde sie dem Fürsten unerträglich, und er verwies das zwar talentierte, aber überaus exzentrische Weibsbild seines Hauses. Lola ging nach München und wurde – wer hätte das geahnt – die Mätresse König Ludwigs I. (1786–1868). Nimmt man diese Liaison genauer unter die Lupe, war die »Dame in Schwarz« – viele nannten sie so – dafür verantwortlich, daß Ludwig innerhalb der 1848er Revolution den Thron räumen mußte. Der zum Rücktritt Gezwungene soll sich wie folgt geäußert haben: »Regieren konnte ich nicht mehr, und einen Unterschreiber abgeben wollte ich nicht. Nicht Sklave zu werden, wurde ich Freiherr.«

Der »männermordende Vamp« – eine weitere Titulierung für Lola – ließ sich das Leben nicht vorschreiben. Die Schöne tanzte für Friedrich Wilhelm IV. von Preußen (1795–1861) und Zar Nikolaus I. (1796–1855) einen eleganten Bolero im königlichen Schauspielhaus zu Berlin. Ihr skandalöser Auftritt in Warschau soll mit Tumulten geendet haben. Ebenso schloß der Auftritt Lolas in der Pariser Oper mit einem ungeheuerlichen Ärgernis ab: Ihr Tanz war schlicht mittelmäßig zu nennen und keinesfalls echt spanisch. Weit verbreiteten sich die Berichte über ihre sogenannten »Kängurusprünge«.

Nachdem ihr Geliebter, der Journalist Alexandre Dujarier (1815–1845), in einem Duell erschossen worden war, prahlte Lola vor Gericht damit, daß sie den Gegner hätte selbst herausfordern und umbringen sollen – ein Eklat. Alexandre Dumas der Ältere (1802–1870) und der Jüngere (1824–1895) sowie der ungarische Komponist Franz Liszt (1811–1886) gehörten zweifelsohne zu den Verehrern der außergewöhnlich schönen Frau.

Während Lola ihre Lebenslust und Heiterkeit nach außen trug und den erotischen »Spinnentanz« praktizierte, verursachte sie immer wieder Skandale. Sie lebte nicht langweilig, aber in gewisser Weise gefährlich, was sie sich selbst zuzuschreiben hatte. Die Haushälterin ihrer Privatwohnung und gleichzeitige Dolmetscherin, eine gewisse Frau Ganser, hatte man als Polizeispitzel auf Lola Montez angesetzt. Sie war beauftragt, sämtliche Gespräche mitzuhören und Buch zu führen, wer in der Wohnung der Tänzerin ein und aus ging. Drahtzieher dieser Aktion waren der bayerische Finanzminister Graf von Seinsheim (1784–1864) sowie Polizeidirektor Wilhelm von Pechmann (1839–1887) und der bayerische Ministerialbeamte Joseph Hörmann von Hörbach (1778–1852). Sie beschuldigten die Lebefrau, nachts Studenten empfangen zu haben, aber sie schafften es nicht, Lola zu kompromittieren. Die 25jährige wurde schließlich zur Mätresse des 35 Jahre älteren König Ludwig I. Die Verehrer lagen Lola womöglich wegen ihrer Tanzdarbietungen zu Füßen. Mit Sicherheit aber konnten sie sich ihrer erotischen Ausstrahlung nicht erwehren. Sie

Der einsame Killarny-See unweit des Schlosses Castlebrough,
wo die lebensdurstige Lola neben ihrem Ehemann Thomas James
acht erdrückende Monate der Langeweile verbrachte.

In der Dresdener Oper lernte Lola den aristokratischen,
eleganten Franz Liszt kennen. Zwischen beiden
entstand binnen Sekunden eine leidenschaftliche Zuneigung,
die aus unerklärlichen Gründen ein jähes Ende fand.

Dem dreißigjährigen Richard Wagner begegnete Lola 1843 in Dresden, wo er gerade an seinem »Tannhäuser« arbeitete, Er fand Lola zwar schön, fiel aber auf ihre Verführungskünste nicht herein.

vergötterten die schmale Taille, die füllige Oberweite und die lasziven Blicke. Die gebürtige Irin genoß es, umschwärmt zu werden.

Ludwig besuchte seine Geliebte, die sich prinzipiell selbst zu seiner Mätresse erkoren hatte, täglich zwischen 17.00 und 22.00 Uhr in deren Wohnung. Aber auch andere Herren gingen bei der Schönen ein und aus. Die Menschen mißbilligten das Verhalten der beiden Verliebten, insbesondere das des herablassenden Weibsbildes. Die Stadt brodelte, aus anfänglichem Unmut wurde regelrechter Haß gegen die selbsternannte Spanierin, die sich Ausrufe wie »Schlagt das Luder tot!« gefallen lassen mußte. Der Groll gegen sie gefährdete den Stadtfrieden. Schließlich kam es so weit, daß der König nicht nur sein Testament zu ihren Gunsten änderte, sondern sogar verlangte, ihr die bayerische Staatsbürgerschaft zu verleihen. Die Minister des Kabinetts baten um die Entlassung von Ludwigs Geliebter, die auch wirklich für den 1. März durchgesetzt werden konnte. Dennoch wurde Lola Montez eingebürgert, und die Münchener gingen auf die Straße, um zu protestieren. Es dauerte nicht lange, bis Lola Montez schließlich zur Gräfin von Landsfeld erhoben wurde; man sagte »wegen der vielen den Armen Bayerns erzeigten Wohltaten«.

Während ihrer Münchener Zeit, ab Herbst 1846, entstand das bekannte Porträt der Montez, welches heute in der Schönheitengalerie des Schlosses Nymphenburg zu bestaunen ist. Das Volk mochte Lola nicht. Sie war zielstrebig, aber auch forsch, und sie war so anders, wenn man sie mit ihrer Dogge Turk und einer Zigarre im Mund durch die Straßen der Stadt lustwandeln sah. Ihre Idee, einer studentischen Leibgarde beizutreten und diese um sich zu scharen, führte schließlich dazu, daß sie von einem erregten

Lola in Paris.
Sie trug eine raffinierte Robe, die ihre schlanke
Taille wundervoll betonte. Anstelle des modischen Hütchens
zierten purpurfarbene Blüten ihr Haar.

Ein anderer Bewunderer Lolas war Graf d'Orsay,
der in Paris eine große gesellschaftliche Rolle spielte und dessen Name
als Inbegriff der Vornehmheit galt.

Menschenauflauf auf dem Theatinerplatz erkannt wurde. Als es zu Handgreiflichkeiten kam, flüchtete sich Lola in die Theatinerkirche. Heftige Unruhen hatten zur Folge, daß die schöne Gräfin die Stadt innerhalb nur einer Stunde verlassen mußte. Sie floh Mitte Februar 1848 mit einer Kutsche über Schloß Blutenburg nach Lindau und von dort aus in die Schweiz.

Graf Maximilian von Arco-Zinneberg (1811–1885, der »Adlergraf« und Urenkel von Kaiserin Maria Theresia) konnte im Zuge dieser überstürzten Flucht einen von der Montez beschrifteten Zigarettenstummel in seinen Besitz bringen. Noch heute ist er im Münchener Stadtmuseum zu sehen.

Der Kronrat verlangte von Ludwig eine Erklärung. Dieser ließ verlauten, daß Lola Montez nicht mehr bayerische Staatsangehörige sei. Am 17. März schrieb man Lola zur Fahndung aus, denn Gerüchten zufolge soll sie im März 1848 wieder heimlich in die Stadt gekommen sein. Diese Spekulationen zogen die Abdankung des Monarchen nach sich.

Ihre neue Heimat fand Lola in der Schweiz. Sie konnte ihren Ludwig indes nicht vergessen. Ein Briefwechsel zeugt von der anhaltenden Liebe der beiden. Außerdem beweisen Aufzeichnungen, daß Lola weiterhin ein ausschweifendes und luxuriöses Leben führen konnte, da sie von ihrem Ludwig fortlaufend finanziell unterstützt wurde. Als dieser allerdings von der Liaison Lolas mit dem Hochstapler Auguste Papon erfuhr, der sich als »Marquis de Sard« ausgab, zeigte sich seine Liebe getrübt. Der Briefwechsel der beiden stagnierte auch in dieser Situation nicht. Ludwig konnte sich nicht komplett von Lola losreißen, er unterhielt sie auch zukünftig. Noch nach ihrem Tod soll er der französischen Kaiserin Eugenie (1826–1920) offenbart haben: »Ich habe die schöne Spanierin immer geliebt. Ich weiß, wovon ich spreche: Es hat mich den Thron gekostet.«

Chaotisch und extravagant wie Lola war, heiratete sie in der Schweiz den 21jährigen Leutnant George Trafford Heald (1828–1853), den Erben eines beträchtlichen Vermögens. Georges Tante befürchtete, um ihren eigenen Erbanteil betrogen zu werden. Sie bezichtigte Lola Montez der Bigamie, da deren erster Ehemann Captain Thomas James noch lebte. Lola wurde daraufhin inhaftiert, allerdings auf Kaution entlassen und suchte in England eine neue Heimat.

Auftritten in Belgien und Frankreich folgte die Veröffentlichung ihrer Memoiren und im Jahr 1851 die Übersiedlung in die USA. Im Sommer 1853 heirateten Lola Montez und der Journalist Patrick P. Hull und ließen sich in der kalifornischen Goldgräberstadt Grass Valley nieder. Tourneen führten die Künstlerin in die Goldgräberstadt Castlemaine nach Viktoria (Australien) und zurück nach New York. Ihr Leben finanzierte sie sich fortan mit Lesungen und dem Verfassen von Schönheitsratgebern. Außerdem engagierte sie sich für »Gefallene Mädchen«. Lola geriet in den Einflußbereich des protestantischen Geistlichen und Journalisten Charles Chauncy Burr (1817–1883), der ihre Autobiographie verfaßt haben soll, und avancierte zur gläubigen Christin.

Um die Gesundheit war es bei der Enddreißigerin nicht mehr allzu gut bestellt. Schlaganfallähnliche Symptome plagten sie. Weihnachten 1860 ereilte sie zu allem Unglück eine langwierige Lungenentzündung, an der sie schließlich drei Wochen später verstarb. Ihre letzte Ruhe fand Lola Montez auf dem Green-Wood Cemetery in Brooklyn.

Auf allen Pariser Festen, in allen Salons der Literatur, der großen
Welt und der Halbwelt war die massige Erscheinung Alexandre
Dumas des Älteren wohlbekannt. Er war nicht nur ein Bewunderer,
sondern auch ein ehrlicher Freund der Lola Montez.

*Um den Widerstand des Pariser Publikums gegen ihre »Kunst«
zu überwinden, mußte Lola gegen Ruf und Können von
Fanny Elßler antreten, einer entzückenden, leichtfüßigen Wienerin,
die mit ihren stilisierten spanischen Tänzen überwältigende
Erfolge hatte.*

MEMOIREN

DER BERÜHMTEN TÄNZERIN, VON IHR SELBST ERZÄHLT

I

Wäre ich eine Staël oder eine George Sand, ich würde mehrere Dutzend vierbändige Romane über mein Leben schreiben, in denen ich mich in Szene setzen und als Heldin herausstellen würde, wie es die berühmten Schriftstellerinnen so oft getan haben, die von den kleinen Verfassern von Kolportageromanen abwertend als Blaustrümpfe bezeichnet werden.

Aber meine Waden sind nicht stark genug für solche Strümpfe. An die Stelle des Dolches, den ich im Gürtel trage, würde ich lieber eine gute Toledaner Feder stecken und würde mich, so gewappnet, stärker fühlen als alle meine Feinde zusammen, die Jesuiten.

Oh, wenn es sich darum handelte, das alles durch meinen Tanz auszudrücken, wieviel wohler wäre mir! Warum muss es sein, daß meine unwürdigen Zeitgenossen die ausdrucksvolle und poetische Sprache einer Knöcheldrehung, eines kreisenden Beins, eines Kastagnettenschlages nicht verstehen und mich, Lola, die Tänzerin, nötigen, zur niedrigen Prosa herabzusteigen?

... Man hat eine Zigeunerin, eine Bohemienne aus mir zu machen beliebt ... Ich werde die Welt darüber belehren, daß ich aus keiner anderen Gegend komme als aus Getafe, einem kleinen Ort bei Sevilla, dem schönsten Teil meines schönen Spaniens!

... Mein Vater, Don Montez Gonzales, und meine Mutter, Doña Pasquita Umbro Sos, hatten einiges Vermögen angesammelt, obwohl sie, wie ich glaube, immer ehrlich waren.

... Als ich vier Jahre alt war, wurde ich in die Schule geschickt, und man versuchte, mir das Lesen beizubringen. Man brachte es nur sehr schwer fertig. Ich schickte alle meine Lehrer fort und gab mich auf dem großen Platz von Cádiz nach Herzenslust der Übung mit den Kastagnetten und den Bolerotänzen hin.

Ich habe mich nie wegen etwas bitten lassen, was zu gewähren ich schon entschlossen war.

Ich wuchs unter diesen günstigen Voraussetzungen heran und lernte trotz meines besonderen Geschmacks an Fandango und den Jotas ein wenig Französisch, Deutsch und Englisch. Als ich fünfzehn war, begann ich, recht hübsch zu werden, die jungen Männer sahen mich an, und die alten überschütteten mich mit Komplimenten. Ich tanzte nicht mehr auf dem großen Platz, sondern auf den Bällen, wo ich eingeladen war. Ich liebte und liebe es noch heute, allein zu tanzen.

... Ein alter Hidalgo kam zu uns, dessen Augen mich zu verschlingen schienen. Eines Tages waren mein Vater und meine Mutter nicht zu Hause. Der alte Kauz wollte, daß ich ihm vortanzte. Während ich hüpfte ... kam der Alte näher, meine Bewegungen hatten ihn erregt und verjüngt, er faßte mich um die Hüfte, zog mich auf seinen Schoß und fing an, mich zu küssen. Glücklicherweise hatte ich gelernt, mit dem Messer ebensogut umzugehen wie mit den Kastagnetten. Ich stieß ihm eine Klinge in die Wade. Er ging, die Wunde behandeln zu lassen.

Am anderen Morgen erfuhr mein Vater, daß dieser Hidalgo ein verkleideter Jesuit war, der mich verführen und rauben wollte.

Wenig später erschien ein Ballettmeister und bat meinen Vater um die Erlaubnis, mich tanzen zu sehen. Ich tanzte ihm selbsterfundene Schritte vor, und er schien in Entzükken zu versinken. Darauf entfaltete er ein Pergament und sagte, er sei beauftragt, gute Tänzerinnen für den Hof zu verpflichten. Ein Vertrag wurde unterzeichnet, und es blieb vereinbart, daß ich am nächsten Tag mit meiner Amme als Anstandsdame nach Madrid reisen sollte.

Die Reise dauerte zwei Wochen, und wir waren noch immer nicht in Madrid, der großen Hauptstadt, auf die ich so gespannt war.

Ich begann bereits, meinem Ballettmeister zu drohen, daß ich ihn mit dem Messer in seiner Wade ebenso behandeln würde wie den alten Hidalgo, als er mir sagte, wir seien am Ziel.

Wir stiegen in einem sehr schönen Hotel ab. Als wir den Hof durchschritten, fand ich, daß es sehr viel kühler war als in Cádiz, und der graue Himmel, den ich sah, war nicht mehr der azurblaue Himmel Spaniens.

II

Man brachte mich in ein sehr reich ausgestattetes Appartement, wo ich alles fand, was für mich nötig sein konnte.

... Am Morgen ... weckte mich plötzlich eine wohlbekannte Stimme. Sie gehörte meinem alten Hidalgo, dem ich die Wade so schön zerschnitten hatte. Nie habe ich vor irgend etwas oder irgend jemand Angst gehabt und fragte ihn, was das bedeuten sollte.

»Das bedeutet, mein schönes Kind«, sagte er, »daß Sie, wenn Sie wollen, die glücklichste der Frauen werden können. Ich liebe Sie, ich habe Sie entführt, und wir sind hier in Berlin ...«

»Wie? In Berlin? In Preußen? Oh, Sie scheußlicher Jesuit!« rief ich wütend, aber ohne Angst. »Was ist mit diesem Auftrag des Hofes und diesem Ballettmeister?«

»Dieser Ballettmeister ist einer meiner Angestellten. Jetzt sehen Sie doch, daß Sie in meiner Gewalt sind!«

»In Ihrer Gewalt?« antwortete ich, und lachte ihm ins Gesicht. »Und wieso? Sie alter Dummkopf? Hat man in Berlin nicht die gleiche Freiheit wie in jedem anderen Land der Welt, einen lästigen Alten loszuwerden? Man hatte mir vorgeschlagen, in Madrid am spanischen Hof zu tanzen. Man hat mich betrogen und nach Berlin gebracht. Schön! Darauf soll es nicht ankommen, ich werde vor dem König von Preußen tanzen! Das ist alles!«

»Oh, Sie sind noch immer die stolze und herrliche Andalusierin«, rief der Jesuit aus und stürzte auf mein Bett zu.

»Ah, gemeiner Lump«, fauchte ich, und ich ergriff einen Leuchter, »du weißt nicht, mit wem du es zu tun hast!«

Er blieb stehen. Ich sprang aus meinem Bett, zog den Dolch aus dem Gürtel meines Kleides und hob ihn gegen den Abscheulichen.

»Gehen Sie hinaus!« verlangte ich. »Ich habe keine Lust, Ihnen zu folgen! Ich werde mich unter den gesetzlichen Schutz dieses Landes begeben, und wir werden sehen, ob Sie den Mut haben, mir noch weiter nachzustellen!«

Und ich setzte ihn vor die Tür.

... Meine Amme war in der Nacht zur Postkutsche gebracht worden und mußte in diesem Augenblick nach Spanien unterwegs sein.

Ich befand mich also allein in Berlin, fast ohne Geld, aber reich an Seelen- und an Willenskraft. Ein intelligenter Mensch, der diese beiden Gaben besitzt, ist immer sicher, daß er sich aus der Affäre ziehen kann. Jede andere Frau an meiner Stelle hätte vielleicht zu weinen angefangen. Aber ich verlor keine Zeit mit dieser dummen Beschäftigung, die ich niemals gekannt habe und die man alten verliebten Männern, Kindern und zu weichherzigen Frauen überlassen muß.

Ich schnürte ein kleines Paket mit ein paar Kleidungsstücken, die ich mitgebracht hatte, und ging dann nach unten ...

... Vor dem ersten Hotel garni, das ich sah, hielt ich an und nahm ein Zimmer. Dort machte ich mich ein wenig zurecht und bat, mich zu dem Direktor desjenigen Theaters zu geleiten, in welchem Ballette aufgeführt wurden.

Dieser Herr, Monsieur D...r, empfing mich, wie es besser nicht sein konnte. Er machte mir tausend Komplimente und lud mich, ohne mein Angebot ausdrücklich anzunehmen, für den Abend in seine Loge ein, damit ich seine Truppe tanzen sehen konnte.

Gegen 7.00 Uhr sandte er mir seinen Wagen. Ich betrat seine Loge und merkte augenblicklich, daß alle Lorgnetten und alle Augen auf mich gerichtet waren.

»Warum sieht man mich so an?« fragte ich. »Ist meine Kleidung unpassend?«

»Oh!« antwortete er mir, Sie sind so hübsch!«

Der alte Hidalgo hatte es mir ja gesagt, aber ich hatte seinen Worten kaum Beachtung geschenkt. Ich betrachtete mich im Spiegel, und dann sah ich alle anderen Frauen und die Künstlerinnen auf der Bühne an und erkannte, daß ich wirklich viel hübscher war als sie alle.

Nach der Vorstellung fragte mich der Direktor, was ich von seinen Tänzerinnen hielte. Ich antwortete:»Alle diese Unglücklichen strengen sich vergeblich an, den Körper zu verrenken und die Füße richtig zu setzen, aber keine von ihnen hat eine Ahnung, was Tanzen ist. Lassen Sie mich debütieren, und Sie werden sehen.«

In mein Hotelzimmer zurückgekehrt, betrachtete ich mich genau und kam zu dem Schluß, daß ich wirklich sehr hübsch war. Hübsch zu sein! Welche Macht und welches Glück bedeutet dies! Man braucht nur zu erscheinen, um Blicke und Bewunderung zu ernten, Liebe und Begeisterung zu wecken. Im Vorbeigehen erleben, daß Schönheit begrüßt wird wie das Genie eines großen Mannes. Die Menge mit einer Bewegung von zwei schönen Augen beherrschen, wie ein überlegener Mann sie mit der Wirkung seines Wortes oder mit beredter Geste beherrscht. Wie schön ist es doch, sagen zu können: Ich bin hübsch, und ich weiß es. Die Schönheit ist ein Diadem, ein Zeichen der Königswürde, das die Menschen noch niemals mißverstehen konnten ... Die wirklichste und die herrlichste aller Mächte, wenn man nur von ihr Gebrauch zu machen weiß ...

... Am nächsten Morgen wurde ich mit Liebesbriefen und Besuchen überhäuft (sic). Ein Theaterbesuch von drei Stunden hatte genügt, um mich berühmt und in ganz Berlin bekannt zu machen.

... Auch der Theaterdirektor kam mich besuchen, um mir seine Liebe zu erklären. Ich wußte nichts damit anzufangen, doch ich wies ihn nicht ab, denn ich wollte unbedingt auftreten.

... Ich debütierte endlich und muß gestehen, daß ich gar keinen Erfolg hatte. Ich war nicht überrascht, denn ich bedachte, an was für Verrenkungen das Publikum gewöhnt war.

... Am nächsten Morgen erhielt ich einundsiebzig Liebeserklärungen, dreiundzwanzig davon Verse, deutsche Verse, ein doppelt schwerwiegender Umstand.

... Der Direktor ... fragte mich, ob ich ihn nicht ein wenig liebte.

»Ich, Sie lieben?« antwortete ich. »Ich bitte Sie, warum?« Sind die Frauen geschaffen, um zu lieben? Wenn sie einverstanden sind, sich von Ihnen lieben zu lassen, dann ist es schon viel. Dies möge Ihnen genügen. Verlangen Sie nicht mehr. Ah! So sind sie, diese Männer! Weil sie sich das Recht anmaßen, die Gesetze zu schaffen, meinen sie, sie könnten immer die Herren sein. Merken Sie sich, daß über den Gesetzen eine Macht steht, die ihrer spottet. Diese Macht ist die Liebe.

... Der Direktor ging, ein wenig verwirrt.

Tatsache ist, daß ich die Liebe nicht anders verstehe, als ich es eben sagte. Trotzdem heißt es, es gebe Frauen, die dumm genug sind, Männer zu lieben, und sich von ihnen beherrschen zu lassen. Dann sind die Rollen vertauscht. Was mich betrifft, so habe ich nie an diese Ausnahmen geglaubt.

Dann machte mir ein Kammerherr die Cour, dem ich befahl, mich an den Hof zu bringen. Da er für meine Begriffe zu langsam handelte, wollte ich die großen Damen auf diese Revolution vorbereiten, indem ich auf der Promenade vor ihnen herfuhr. Mein Kutscher weigerte sich, die Verantwortung für solche Kühnheit zu übernehmen. Daraufhin stieg ich auf den Kutschbock, ein paar Gendarmen wollten mir den Weg versperren, ich zog ihnen mit der Reitpeitsche ein paarmal über das Gesicht und ließ meine Pferde losgaloppieren.

Am folgenden Morgen gab es vor meiner Tür einen Aufruhr. Ein anonymer Brief unterrichtete mich, daß die Jesuiten, meine verbissenen Feinde, alle Polizisten Berlins aufgewiegelt hatten, die Beleidigung zu rächen, die ich einigen von ihnen angetan hatte ... Ich floh durch eine kleine Gartenpforte ... Außerdem hatte ich genug von dem Kammerherrn ... Er stand unter jedermanns Einfluß ... Ich will, daß man allein für mich schwach sei.

Ich reiste nach Frankreich, dem Land der Freiheit. Dort sagte ich mir, wird man meinen Tanz vielleicht verstehen, und ich werde keine Jesuiten antreffen.

Unterwegs begegnete ich Franz Liszt, dem sagenhaften Pianisten. Als ich von der Umwälzung erfuhr, die er in der Kunst des Klavierspiels herbeigeführt hatte, hoffte ich, er würde mir helfen, einen entsprechenden Umbruch auch in der Kunst des Tanzes zu erreichen. Ich verzichtete darauf, Frankreich sofort zu besuchen, und bereiste mehrere deutsche Städte mit ihm. Da er von seinem Erfolg als Musiker berauscht war, schien er meine choreographischen Reformideen nicht sehr zu schätzen. Ich erkannte etwas spät, daß ich aus diesem stolzen Konnetabel des Klavierspiels keinen Nutzen ziehen konnte, und verließ ihn, um die Reise nach Paris fortzusetzen.

Ich fand Paris wegen meiner Affäre mit den Polizisten noch in Aufregung. Alle Leute, die ich besuchte, sprachen

Martine Carol und Ivan Desny
in dem Gamma-Union-CinemaScope-Farbfilm »Lola Montez«.

davon wie von einer außergewöhnlichen Sache ... Ich beeilte mich, das Gespräch auf den Zweck meiner Reise, den Tanz, zurückzuführen ... Es wurde mir versichert, daß der Journalismus die einflußreichste Macht sei, die mir dazu verhelfen konnte, in der Oper aufzutreten, wie es meine Absicht war. Ich besuchte also die Journalisten.

Ich fand fast alle sehr liebenswürdig. Einige waren so taktvoll, nicht von meiner Berliner Affäre zu sprechen. Andere, zum Beispiel Herr Alexandre Dumas, fanden, daß ich mich den preußischen Polizisten gegenüber wie ein wirklicher Ehrenmann verhalten habe.

Janin empfing mich zwanglos wie einen Kameraden.

Fiorention versprach mir das Wohlwollen des »Corsaire Satan« und stellte keine Bedingungen. Auch Gautier stellte keine für die freundlich gesinnte »Presse«. Amédée Achard legte mir das Feuilleton des »Courrier français« zu Füßen und beteuerte mir seine Freude darüber, endlich »auf spanisch tanzen« zu sehen. Rolle versprach mir, daß der »Constitutionnel« mich gebührend an den Jesuiten rächen würde.

Nach den Journalisten besuchte ich den Direktor und die Künstler der Oper. Monsieur Pillet und sein ganzes Ensemble waren sehr von mir eingenommen. Madame Rosine Stoltz machte mir große Komplimente. Man stimmte zu, daß ich bei erster Gelegenheit debütieren sollte.

Aber ach! Wie in Berlin erlebte ich das vollendetste Fiasko. Man warf Blumenbuketts und lachte mich aus. Immerhin brachte ich meinen Durchfall charmant zustande. Ich löste beim Tanzen mein Strumpfband, und nachdem ich es mit den Zähnen zerrissen hatte, warf ich die Stücke den Dilettanten ins Parkett. Um diesen choreographischen Schluß nicht zu verstehen, mußten alle diese Leute für die Sprache des Tanzes blind sein. An ihrer Bewunderung für Carlotta Grisi, die Schwestern Dumilâtre und andere Verrenkungskünstler habe ich übrigens gesehen, daß sie von wirklicher Kunst nichts verstehen.

Meine Erfolge in der Gesellschaft sollten mich für mein Pech im Theater entschädigen. Mehrere Bankiers machten mir den Hof. Ich empfahl ihnen die Gründung einer Kommanditgesellschaft zur Unterhaltung eines Theaters, in welchem ich, ich ganz allein, die Aufgabe übernehmen würde, den »inspirierten Tanz, den improvisierten Tanz, den natürlichen, den antijesuitischen Tanz«, auf den der Geschmack des Publikums gelenkt werden müßte, triumphieren zu lassen. Nur einer von ihnen stimmte zu, den Versuch zu wagen.

Während ich wartete, daß er die für jeden Theaterunternehmer erforderliche Genehmigung erhielt, machte ich mir beim französischen Volk, einem Volk anständiger und freier Leute, schöne Tage. Ich besuchte Theatervorstellungen, öffentliche Bälle und ging spazieren. In Gegenwart des Bankiers, der es übernommen hatte, meinem tänzerischen Genie ein Theater zu widmen, empfing ich die Crème des französischen Journalismus. Das Geschwätz dieser kleinen Schreiber amüsierte mich.

Bald erfuhr ich, daß die Jesuiten gegen die Genehmigung des Theaters opponierten und daß sie sie bereits Herrn Alexandre Dumas erteilt hatten. Ich ging zum Ministerium, um die Herren zu sprechen, die mit dieser Sache betraut waren. Sie erklärten mir, daß ich mächtige Feinde hätte. Ich erriet, daß es sich um die Jesuiten handelte. Es gab also noch Jesuiten in Frankreich. Und unterdessen hatte Eugène Sue den »Ewigen Juden« geschrieben.

Paris war für mich nicht mehr haltbar. Ich traf einen Engländer, der mir versicherte, daß es in England keine Jesuiten gebe. Ich willigte ein, mit ihm abzureisen.

IV

Nach einer Reise, die sie nach London, nach Spanien, nach Italien, »dem gelobten Land der Jesuiten«, führte, kehrte Lola, der vorliegenden Schilderung zufolge, nach Frankreich zurück.

Endlich kam ich wieder nach Paris ... Ich fühlte, daß ich mit etwas Geschicklichkeit überlegen sein und den Journalismus in Bewegung bringen könnte. Es ging also für mich darum, dieser Macht genügend Mut und Kraft einzuflößen, um über das Jesuitentum zu siegen. Ach, wenn ich die Hilfe Voltaires gehabt hätte!

Statt Voltaire fand ich Dujarrier. Dieser überragende Mann ist sehr verunglimpft worden, und das war unrecht.

Dujarrier verstand meine Pläne und versuchte, sie zu einem guten Ende zu führen. In der Erwartung von etwas Besserem ließ er mich erneut am Porte-Saint-Martin-Theater auftreten. Es war das Volk, bei dem er den choreographischen Umbruch, dem alle meine Anstrengungen galten, anfangen wollte.

Das Volk verstand mich nicht besser als die feinen Leute, aber ich wurde nach Schluß der Vorstellung immerhin mit Blumen überhäuft. Ich glaube nicht, daß das Volk es war, das mir die Blumen warf, seine Begeisterung hat eine weniger blühende Sprache.

Nach diesem zweiten Mißerfolg mußte ich darauf verzichten, das Pariser Publikum zu bekehren.

Ich sag übrigens, daß selbst Dujarrier meinen Tanz nicht verstand, er war nur so höflich, Beifall vorzutäuschen. Théophile Gautier schrieb in der »Presse«, die Dujarrier leitete, und überschüttete mich mit Lob, aber auch er verstand mich nicht. Beide äußerten vor mir ihre Bewunderung für das Talent der Carlotta Grisi, obwohl sie nicht zweifelten, wie sehr die Grisi mich aufreizte. Jeder Mann, der von Carlottas Tanz nur ein wenig Aufsehen macht, ist unwürdig, mich zu bewundern. Sie werden mir diesbezüglich sagen, daß ich ganz Europa gegen mich haben werde. Ich weiß es gut, aber es ist mir gleichgültig. Es bleibt mir der König von Bayern!

Auf dem Gebiet des Tanzes war ich abgewiesen ... und ich sagte mir, daß ich für diese armen französischen Schriftsteller, für die ich mich interessierte, etwas tun könnte, und ich regte Dujarrier zu der Idee einer Zentralbuchhandlung an, die der unglücklichen Literatur wieder zum Erfolg verhelfen sollte. In diesem Punkt verstand mich Dujarrier. Er sagte, ich wolle die Beschützerin der französischen Literatur werden.

Zu Besprechungen machte er mich auch mit Émile de Girardin bekannt, dem ich den mit Dujarrier entworfenen Plan erklärte. Ich versuchte, auf diesen farblosen Mann mit dem scheuen Blick meinen betörenden Zauber auszuüben, es gelang mir aber nicht. Sein Blick wich mir ständig aus. Äußerstenfalls könnte das Auge eines Löwen solch einen Mann bannen. Ich muß übrigens, obwohl er noch lebt, gestehen, daß ich seine Beziehungen zu Dujarrier niemals gern gesehen habe. Girardin war nicht der Mann, der der Literatur aufrichtig dienen konnte. Ich habe ihn mit größter Mißachtung von Schriftstellern sprechen gehört, die hundertmal wertvoller waren als er. Außerdem wußte ich, daß er seine Zeitung jesuitisch färbte.

Dennoch führte Dujarrier das Projekt durch, und ich wurde bald die Königin der Literatur, wie er sagte, als die unglückselige Sache passierte und er von Beauvallon getötet wurde. Welches Unglück, daß die Sitten unserer Gesellschaft so merkwürdig sind! Die Dinge hätten sich sonst anders abgespielt. Und dabei geschah es zum Teil meinetwegen, daß Dujarrier sich zu dem Duell entschloß. Er wußte, daß ich mutig bin, und auf diese Duelltaufe legte er Wert, um sich meiner würdig zu zeigen.

Ich übergehe die Einzelheiten des Prozesses von Rouen mit Schweigen ... Ich schweige auch über die Schritte, die ich gegen die Testamentsvollstrecker Dujarriers unternommen habe. Es handelt sich um ein paar tausend elende Franc, um die ich mich nur aus Rücksicht auf den Letzten Willen und das Andenken des Erblassers gekümmert habe. Sein Schatten wird mir dankbar sein.

V

Die Zeit, die ich nach Dujarriers Tod in Paris verbracht habe, war für mich sozusagen verlorene Zeit. Ich war wie ein weiblicher Diogenes, nur hatte ich, »um den Menschen zu suchen«, den ich zu großen Taten bewegen könnte, zwei Lichter: meine beiden Augen. Es gelang mir deshalb aber nicht besser. Niemand erschien mir fähig, das von mir und Dujarrier entworfene Projekt weiterzuführen. Diejenigen, mit denen ich darüber sprach, lachten mir ins Gesicht.

Ich hätte gern versucht, Véron vor diese Idee zu spannen und ihn dadurch zu veranlassen, die Jesuiten zu erledigen, womit er schon angefangen hatte. Aber Véron ist ein sehr starker Mann, der vor allem den Ehrgeiz hat, sich von niemandem dirigieren zu lassen. Er beansprucht, sich seines Vermögens zu bedienen, wie ich beansprucht habe, mich meiner Schönheit zu bedienen, um zu herrschen und zu beherrschen. Von der Höhe seines Geldsacks blickt er mitleidig auf jedermann hinunter. Sein mächtiger Stolz und sein Ehrgeiz, vorwärtszukommen, machen Véron fast würdig ... eine Frau wie ich zu sein.

Ich mußte nach München kommen, um den Menschen zu finden, den ich suchte. Es ist mir schon gelungen, mich an den Jesuiten zu rächen, die mich hier verfolgen wollten. Sie sollen sich in acht nehmen. Wenn sie mich zum Äußersten treiben, dann werde ich aus dem Fürsten, dessen Favoritin ich zu werden hoffe, nicht nur einen Gesetzgeber wie Numa, sondern einen Eroberer machen, der ganz Deutschland unter unserer Herrschaft zu einem einzigen Königreich vereinigt. Die Jesuiten werden hinausgejagt werden. Dann werden wir der Reihe nach mit jedem einzelnen der anderen Staaten des Erdballs verhandeln, um die Jesuiten von der gesamten Menschheit in Acht und Bann erklären zu lassen. Falls nötig, werden wir Krieg führen. Ich beklage zwar diese Geißel, aber wenn es sein muß, werde ich mich ihrer zu bedienen wissen in allen Ländern, die ihnen Asyl gewähren. Wir werden alles mit Blut und Feuer verheeren, bis wir das letzte der Mitglieder der Gesellschaft Jesu vernichtet haben.

Sie werden sehen, wie Lola Montez Umbro Sos durch ihre Rache vielleicht die Menschheit zu retten weiß!

Die 28jährige Elisabeth im Jahre 1865.

ELISABETH

KAISERIN VON ÖSTERREICH – MEHR ALS »NUR« DIE FERNSEH-SISSI (1837–1898)

Die »Repräsentationspflichten lasteten schwer auf der Kaiserin, die Diamantkrone drückte ihr Haupt. Jede prunkvolle Veranstaltung, jedes Hoffest war ihr ein Gräuel. Es war auch immer etwas Gezwungenes in ihrem Wesen, wenn sie an den Hoffestlichkeiten teilnahm. [...] Die Kaiserin entzog sich immer mehr der Gesellschaft, auch den Blicken des Volkes.« *(Fürstin Nora Fugger: Im Glanz der Kaiserzeit, Wien 1932)*

Geliebt, verehrt, bedauert wurde sie, die Herzogin von Bayern, lange bevor ihre Person durch die legendäre »Sissi-Trilogie« mit Romy Schneider in der Hauptrolle in den Jahren 1955–57 in das Fernsehen kam. Der Sissi-Stoff, die Biographie der Elisabeth von Österreich-Ungarn, wurde seither vielfältig medial aufgegriffen. Das bekannteste Porträt Elisabeths wurde von Franz Xaver Winterhalter im Jahr 1865 in Öl auf Leinwand gebannt.

Die Kaiserin von Österreich kam als Elisabeth Amalie Eugenie am Heiligen Abend des Jahres 1837 in München im Herzog-Max-Palais in der Ludwigstraße als Tochter Herzog Max Josephs von Bayern und Prinzessin Ludovika Wilhelmines zur Welt. Die Taufe fand am zweiten Weihnachtstag in der Kapelle des Palais statt. Damals ahnte niemand, welch wechselvolles Leben der Prinzessin aus der herzoglichen Nebenlinie Pfalz-Zweibrücken-Birkenfeld-Gelnhausen des Hauses Wittelsbach beschieden sein sollte.

Elisabeths und ihrer sieben Geschwister Kindheit spielte sich im Herzog-Max-Palais ab. Die Sommermonate verbrachte die Familie auf Schloß Possenhofen am Starnberger See. Sisi, wie die Familie sie liebevoll nannte, verbrachte eine unbeschwerte Kindheit. Ihre Eltern, mehr aber die Mutter, umsorgten die kleine Elisabeth und ihre Geschwister fürsorglich und voller Hingabe. Die Mutter fand ausreichend Zeit dazu, denn sie mußte kaum Verpflichtungen am königlich-bayerischen Hof wahrnehmen.

Der Historiker Christian Sepp beschreibt in seiner Biographie »Ludovika. Sisis Mutter und ihr Jahrhundert« deutlich, daß der Vater selten Zeit mit der Familie – so auch mit Sisi – verbrachte und nur sehr geringes Interesse an der Familie zeigte. Einen übergroßen Anteil am idyllische Zuhause für Sisi und ihre Geschwister hatte die Mutter. Elisabeth lernte als Kind und Heranwachsende nicht gern. Das Stillsitzen fiel dem jungen Mädchen mehr als schwer. In ihrem Umfeld kannte man die kleine Sisi als einen liebenswerten, aber unruhigen und kreativen Geist. Sie war, kurz gesagt, ein Springinsfeld.

Vater Max Joseph verstand seine Tochter nur zu gut, er konnte ihr kaum einen Wunsch abschlagen und erlaubte es ihr hin und wieder, vom Unterricht fernzubleiben. Das Reiten und Zeichnen bereiteten der jungen hübschen Dame wesentlich mehr Freude als das stupide Lernen. Elisabeth widmete sich zudem mit einer gewissen Hingabe dem Schreiben von Gedichten. Poesie und ihr Hund »Bummerl« zählten zu ihren großen Leidenschaften. Goethe,

*Große Cour in der Wiener Hofburg am 24. April 1854
anläßlich der Vermählung Franz Josephs mit Elisabeth von Bayern.*

Kaiser Franz Joseph der I. im Alter von 35 Jahren.

Shakespeare sowie die britischen Schriftsteller Percy Bysshe Shelley und George Gordon Byron (bekannt als Lord Byron) gehörten zu ihren Lieblingsautoren.

Die Jahre verstrichen und Sisi wuchs heran zu einer hübschen, aufgeweckten jungen Frau.

Im Jahr 1854, als Elisabeth im Alter von 17 Jahren ihren Cousin Franz Joseph I. heiratete, änderte sich ihr Leben von einem Tag auf den anderen. Ihr Gatte war 23 Jahre, und als junger Monarch in diesem Alter sollte er endlich eine geeignete Braut zum Altar führen. Im Sommer 1853 begann die Liebesgeschichte zwischen Franz Joseph und seiner zukünftigen Braut, die er in Bad Ischl kennenlernte.

Am 18. August 1853, seinem Geburtstag, hielt Franz um die Hand seiner Sisi an. Nach Monaten des Verliebtseins verließ Elisabeth am 20. April des darauffolgenden Jahres München in Richtung Straubing mit Ziel Wien. Schon am 24. April wurde in der Wiener Augustinerkirche vor siebzig Bischöfen und Prälaten die Trauung durch Erzbischof Joseph Othmar von Rauscher vollzogen. Der kleine Wildfang Elisabeth wurde von einer Sekunde auf die andere zur Kaiserin von Österreich. Ein halbes Jahr nach den Hochzeitsfeierlichkeiten wurde Sophie Friederike geboren, der man den Namen von Franz Josephs Mutter gab. Das junge Glück war perfekt. Sophie war ein allerliebstes kleines Wesen, zart und doch mit einer kräftigen Stimme ausgestattet. Die kleine Gisela kam im Jahr darauf auf die Welt. Leider war Elisabeths Erstgeborener Sophie Friederike kein langes Leben beschert. Sie starb in Folge einer Durchfall- und Fiebererkrankung, was Franz und Elisabeth emotional sehr mitnahm. Die sonst so glückliche und fröhliche Sisi verschloß sich lange vor der Öffentlichkeit, konnte mit ihrer Trauer überhaupt nicht umgehen, verlor an Gewicht

Das Lieblingsbild Franz Josephs:
Elisabeth mit 27 Jahren.

und wurde selbst krank, so daß man um ihr Leben fürchtete.

1858 brachte Elisabeth Rudolf Franz Karl Joseph im neuen Schloß zu Laxenburg zur Welt und schenkte ihrem Franz den lang ersehnten Sohn – den Kronprinzen. Die Nachwirkungen der schweren Geburt machten Elisabeth noch lange zu schaffen. Die junge Frau war nun Mutter von zwei Kindern. Sie hätte sich schnellstmöglich wieder aufraffen müssen, um für die beiden da zu sein. Elisabeth allerdings konnte den Tod ihrer Erstgeborenen und noch immer innigst geliebten Tochter nicht verwinden und ließ diese Trauer ihre beiden Kinder, die ihre Liebe so sehr gebraucht hätten, immer wieder spüren.

Kaiserin Sisi brachte noch ein weiteres Kind zur Welt. Im Frühjahr 1868 wurde die zukünftige Erzherzogin Marie Valerie Mathilde Amalie in Ungarn geboren. Sie sollte zum Liebling ihrer Mutter werden und sogar den einstigen viel zu frühen Tod Sophie Friederikes ein wenig verblassen lassen.

1889 ereilte die Familie ein weiterer Schicksalsschlag. Elisabeths und Franz' Sohn Rudolf nahm sich auf Schloß Mayerling das Leben. Der Tod ihres einzigen Sohnes, der an psychischen Problemen litt, ging an Sisi nicht spurlos vorüber. Sie ließ sich fortan nur noch schwarz gekleidet in der Öffentlichkeit sehen.

Schon Jahre plagten Elisabeth Krankheiten. Ihre Lungen waren angegriffen. Als 23jährige litt Sisi unter starkem Husten. Zum ersten Mal reiste die Kaiserin allein ins Ausland mit Ziel Madeira, um sich einer Kur zu unterziehen. Zurück in Wien, stellte ihr Arzt fest, daß sie unter Tuberkulose litt. Diese Diagnose war hart. Elisabeth fuhr sofort auf Anraten des Arztes und ihrer Familie, die sich große Sorgen

Kaiserin Elisabeth als Königin Ersébet von Ungarn
im ungarischen Königsgewande.

Kaiser und König Franz Joseph I. im Krönungsornat mit Krone,
Zepter und Mantel Stephans des Heiligen.

machte, nach Korfu, um die Krankheit auszuheilen. Sage und schreibe zwei Jahre weilte die junge Frau auf der Insel, die ihr zur Heimat wurde. Elisabeth verliebte sich förmlich in Korfu und das Ionische Meer. Das Klima tat ihr sehr gut, und sie fühlte sich wohl. Körper und Seele gerieten wieder in Gleichklang, gesundeten, so daß eine ganz andere – eine selbstbewußte – Elisabeth nach Hause zurückkehrte. Ihr bereitete das Leben am Hofe keine Freude mehr, ja es wurde ihr förmlich zur Qual.

Franz konnte die Entscheidung und Wesensänderung seiner Sisi nicht begreifen, tolerierte sie aber aus Liebe zu seiner Frau. Er war einsam, sie fehlte ihm auf den immerwährenden Reisen sehr. Körperlich war sie ihm fremd geworden und auch seelisch völlig entglitten. Beide blieben jedoch brieflich immer miteinander verbunden.

Die ebenmäßige Schönheit Elisabeths war zu Lebzeiten der Kaiserin trotz ihrer zahlreichen Krankheiten Gesprächsthema und ist es noch immer. Ihre Anmut, die liebreizend betörende Ausstrahlung und ihre geheimnisvolle Aura faszinierten von jeher. Elisabeth soll eine der schönsten Frauen ihrer Zeit gewesen sein. Sie hatte wunderschönes Haar und war sich ihrer Schönheit bewußt – wurde zur Modeikone ihrer Zeit. Dennoch veränderte sie sich charakterlich nicht, sondern blieb immer natürlich, was ihren Liebreiz noch verstärkte. Gleichwohl nahm Elisabeth viel auf sich und übte sich fortwährend in Enthaltsamkeit Bezug nehmend auf genußvolles Essen, um ihre ebenmäßige Schönheit und Figur zu erhalten. So soll sie sich über Nacht, wie es viele Frauen dieser Zeit taten, gepreßtes Rindfleisch auf ihr Gesicht gelegt haben, um ihr jugendliches Aussehens zu bewahren. Mit zahlreichen Diäten und

Kronprinz Rudolf als Jüngling.

ausgiebigem Sport wie Wandern und Turnen hielt sie ihr Körpergewicht konstant.

In der Politik war Elisabeth seit ihren ständigen Krankheitsschüben und der sich fortwährend verschlechternden körperlichen und seelischen Gesundheit kaum noch aktiv. Lediglich der Ausgleich mit Ungarn, der ihr sehr am Herzen lag, auch gegen den Willen der Schwiegermutter, ließ Elisabeth ab und an politisch tätig werden.

Nach der entsetzlichen Schlacht bei Königgrätz 1866, in der die Preußen Österreich den glorreichen Glanz nahmen, kämpfte Elisabeth gemeinsam mit dem zukünftigen Ministerpräsidenten von Ungarn, dem Grafen Gyula Andrássy, für den politisch bereinigenden Kompromiß. Die beiden sollen sich – so munkelte man – während der gemeinsamen Zeit ineinander verliebt haben.

Höhepunkt ihrer dahingehenden Aktivitäten war, daß Ungarn seine Verfassung von 1848 zurückerhielt.

Am 8. Juni 1867 wurden Kaiser Franz Joseph und Kaiserin Elisabeth in der Matthiaskirche zu Budapest feierlich zu König und Königin Ungarns gekrönt. Vom ungarischen Volk erhielt das Paar das im 18. Jahrhundert für den Grafen Antal Grassalkovich I. errichtete Schloß Gödöllő geschenkt, welches sich etwa 25 Kilometer vor den Toren Budapests befindet. Dieser herrschaftliche Barockpalast sollte in den kommenden Jahren zum Zufluchtsort der Kaiserin werden. Noch heute läßt die Atmosphäre das Schlosses Elisabeths geheimnisvolles Flair lebendig werden, und die Wände erzählen ihre Geschichten.

Im Sommer 1898 kurierte Elisabeth in Bad Nauheim ein Herzleiden aus. Alles war sehr mysteriös. Elisabeth ergriff

Graf Julius (Gyula) Andrássy

Kaiserin Elisabeth in späteren Jahren.

die Flucht, um im Herbst des Jahres am Genfer See anzukommen. Noch heute erinnert ein Denkmal vor dem Beau Rivage Hotel an den damaligen Aufenthalt Elisabeths. Die ständig von Krankheiten geplagte schmächtige, dünner werdende, aber noch immer schöne Frau reiste auf Einladung der berühmten Rothschilds nach Genf. Elisabeth traf sich mit Baronin Julie Rothschild in deren Villa in Bellevue am Genfer See. Noch heute kennt man die Worte, die Elisabeth gegenüber Baronin Julie äußerte, als die beiden die wunderschönen Orchideen betrachteten, die zur Sammlung Julie Rothschilds gehörten: »Ich wünschte, meine Seele könnte durch eine ganz kleine Öffnung in meinem Herzen in den Himmel entgleiten.«

Es nahte der 9. September 1898. Kaiserin Elisabeth verließ etwa gegen 13.30 Uhr um die Mittagszeit das Hotel. Sie hatte eine Passage auf dem Raddampfer Genève gebucht, der sie nach Caux geleiten sollte. Mit dabei ihre Hofdame Irma Sztáray. Die beiden schlenderten nichts ahnend, da es noch recht früh war und sie noch Zeit bis zum Auslaufen hatten, die Seepromenade Quai Mont Blanc entlang. Plötzlich und unerwartet trafen sie auf den italienischen Anarchisten Luigi Lucheni. Dieser, politisch radikalisiert, stach Sisi unvermittelt und ohne Warnung eine spitze Dreikantfeile ins Herz. Die stilettförmige Klinge ließ Elisabeth den Einstich im ersten Moment kaum spüren. Sie kam zu Fall, konnte sich aber wieder aufrappeln und ging sogar weiter die Promenade entlang, bis sie schließlich, schon auf dem Dampfer angekommen, zusammenbrach.

»Aber was ist denn mit mir geschehen?« fragte sie langsam mit gedämpfter Stimme. Man brachte die Kaiserin in ihr Hotel zurück, wo sie Zimmer Nr. 34 bewohnte. Doch für Sisi kam jede Hilfe zu spät. Zwischen dem tödlichen Einstich und dem Todeskampf der schönen Kaiserin von Österreich und Ungarn lag nur etwas mehr als eine Stunde. Sisi verblutete innerlich. Die Kaiserin war zur falschen Zeit am falschen Ort. Sisis Tod war mehr als tragisch, er änderte am politischen Geschehen nichts. Lucheni wollte sich mit dieser mörderischen Tat, wie alle feigen Attentäter, in Szene setzen und Aufsehen erregen. Seine geplante Flucht mißglückte. Noch am Tatort wurde er festgenommen.

Mark Twain, der sich zu jener Zeit in Österreich aufhielt, schrieb einem Freund: »Nicht einmal der Mord an Julius Caesar vermochte die Welt so sehr zu erschüttern wie der an Elisabeth.« Und den Täter situiert er sogleich »am untersten Ende der menschlichen Stufenleiter, ohne Gaben, ohne Talent, ohne Bildung, ohne Moral, ohne Charakter, ohne jede innere Anmut«.

Elisabeths Mörder wurde zu lebenslanger Haft verurteilt. Im Oktober 1910, zwölf Jahre nach seiner Verhaftung, nahm er sich das Leben. Man fand Luigi Lucheni erhängt mit einem Gürtel in seiner Zelle. Eigentlich hatte er es auf den Prinzen Henri Philippe d'Orléans abgesehen, der aber hatte Glück, da er zum Zeitpunkt des geplanten Anschlags nicht vor Ort war. So entschied sich Lucheni um und machte Sisi zu seinem Opfer. Die Todessehnsucht Elisabeths, die sich seit dem Ableben ihres geliebten Sohnes immer wieder hervordrängte, die auch von der Tochter Marie Valerie in deren Tagebuch zu lesen war, wurde also nun, 60jährig, erfüllt. Die Kaiserin gab sich selbst die Schuld am Selbstmord Rudolfs. 1887 entstand das Gedicht »An die Zukunftsseelen«

Franz Joseph und Elisabeth in Bad Kissingen,
ein halbes Jahr vor dem Tod der Kaiserin.

Kaiser und Kaiserin beim Frühstück im Salon Elisabeths.

Leichenfeier und Überführung des Sarges in die Kapuzinergruft
in Wien am 17. September 1898.

Die Leichenfeier der Kaiserin Elisabeth von Österreich.

Die Aufbahrung im Hotel Beaurivage zu Genf.

Das Verbrechen.
Le Petit Journal, September 1898.

Transport zum Hotel.
Le Petit Journal, September 1898.

Die Prozession.
Le Petit Journal, September 1898.

Die Totenmaske der Kaiserin Elisabeth.

Der Mörder Luccheni im Gefängnishof zu Genf.

Ort des Attentats.
Der Quai du Montblanc in Genf mit dem Hotel Beaurivage und
dem Landungsplatz der Dampfschiffe.

»Ich fliehe vor der Welt samt ihren Freuden,
und ihre Menschen stehen mir heut fern;
es sind ihr Glück mir fremd und ihre Leiden;
Ich stehe einsam, wie auf and'rem Stern ...«

(1887, Gedicht aus ihrem politischen Tagebuch
an »die Zukunftsseelen«,
wie Kaiserin Elisabeth die Nachwelt nannte)

Man erkennt den Schmerz der Mutter, die unbändige Trauer und die jahrelange Irrfahrt ihres Lebens, die sie durch den so frühen und selbst gewollten Tod ihres Sohnes tagtäglich erlebte und fühlte.

Bei der gerichtsmedizinischen Sektion bemerkten die Gerichtsmediziner – zum Entsetzen des Hofes – eine Tätowierung an ihrer Schulter. Es war ein Anker, der ihre Zuneigung zum Meer ausdrücken sollte.

Ihre letzte Ruhestätte fand Elisabeth neben Ehemann Franz Josef I. Die Kaiserin von Österreich und Ungarn wurde in der Kaisergruft der Kapuzinerkirche zu Wien beigesetzt. Bis heute wurden der schönen Kaiserin von Österreich weltweit zahlreiche Denkmäler gesetzt. Viele bedeutende Namensgebungen beweisen, daß die schöne und legendäre Sisi nie vergessen wird.

Der alte Kaiser als Jäger.

Mata Hari

MATA HARI

STRIPTEASE-PIONIERIN UND DOPPELAGENTIN
(1876–1917)

Zwölf marokkanische Soldaten standen im Herbst des Jahres 1917 einer Frau gegenüber. »Ich benötige keine Augenbinde, Monsieur, Sie werden mich nicht in die Knie zwingen, auch nicht in meinen letzten Minuten«, entgegnete sie unerschrocken dem Offizier des Exekutionskommandos. Als sie sich von diesem einen Spiegel reichen ließ und sich puderte, sagte sie höflich: »Danke, Monsieur.« Das waren ihre letzten Worte.

Im Morgengrauen des 15. Oktober 1917 brach die Frau zusammen, nachdem elf von zwölf Kugeln sie im Festungsgraben von Schloß Vincennes tödlich getroffen hatten. Ein Unteroffizier gab ihr aus Nahdistanz den Gnadenschuß in den Kopf. So tragisch und brutal gerichtet, endete eine der legendärsten Frauen aus dem ersten Viertel des 20. Jahrhunderts. Heute ist es in den westlichen Kulturen kaum vorstellbar, daß man eine Frau auf solch barbarische Weise tötet. Die Rede ist von Mata Hari, was übersetzt so viel bedeutet wie »das Auge des Tages« – die Sonne –, der malaiische Künstlername der niederländischen Tänzerin Margaretha Geertruida Zelle.

Geboren wurde sie am 7. August 1876 in Leeuwarden, einer Stadt in der niederländischen Provinz Friesland. Über ihre Kindheit sagte Mata Hari: »Ich wurde geboren in der heiligen Stadt Jaffnapatam. Mein Vater war ein hoch angesehener Brahmane, meine Mutter eine Tempeltänzerin, die mit 14 Jahren bei meiner Entbindung starb. Aufgewachsen bin ich in der Obhut von Tempelpriestern. Sie weihten mich Shiva, und ich wurde in die heiligen Mysterien der Liebe und der göttlichen Verehrung eingeführt.« Doch Margarethas Vater Adam war mitnichten Brahmane, also Angehöriger der obersten Priesterkaste. Der einfache Hutmacher, der gern mehr gewesen wäre, ließ sich als »Baron« ansprechen und führte einen verschwenderischen Lebensstil, den die Tochter später eifrig nachahmen sollte. Zum sechsten Geburtstag seiner Margaretha schenkte er ihr eine von Ziegen gezogene Kutsche. Noch ein halbes Jahrhundert später sprach man in Leeuwarden von dem »kleinen Mädchen mit der dunklen Haut, den mandelförmigen Augen und dem schwarzen Haar auf dem Leiterwägelchen«. Das Familienglück stand auf tönernen Füßen. Margaretha war erst 13 Jahre, als die Familie zerbrach. Schuld war der Bankrott des Vaters und der frühe Tod der Mutter. In der Obhut von Verwandten sollte sie Kindergärtnerin werden, allerdings hatte die junge Frau ganz anderes für ihr Leben geplant.

Eine Heiratsanzeige des 20 Jahre älteren schottischstämmigen Kolonialoffiziers Rudolph MacLeod (1856–1928) kam ihr da gerade recht. Die Schöne soll Offiziere geliebt haben. Als Lady MacLeod lebte Margaretha ab 1895 schließlich fünf Jahre in Niederländisch-Ostindien, dem heutigen Indonesien, sowie auf Java und Sumatra, wo sie in der Kunst des asiatischen Tanzes unterwiesen wurde. Zwei Kinder entsprangen dieser Beziehung, wobei eines zweijährig verstarb. Doch die Ehe ging in die Brüche, da Rudolph, ein notorischer Fremdgeher, seine Frau schlug. Die beiden wurden 1902 geschieden. MacLeod nahm seiner Frau die Tochter, so daß die junge Frau nichts mehr hielt. Es zog sie schließlich 1904 zurück nach Europa, wo sie in Paris ihre neue Heimat zu finden gedachte. Der reiche Fabrikant Émile Guimet (1836–1918) riet Margaretha dazu, einen Künstlernamen anzunehmen. Aus Margaretha Geertruida MacLeod wurde Mata Hari, die zur Nackttänzerin und Kurtisane avancierte, nachdem man sie am Theater und im Zirkus wegen mangelnden Talents abgewiesen hatte. So nahm die Karriere der jungen Frau ihren Lauf. Sie feierte Triumphe nicht nur in Paris, sondern auch bald in Wien, Mailand, Monte Carlo und Madrid.

Die Presse überhäufte sie mit wohlwollenden Kommentaren: »Lady MacLeod, deren Namen man bald in ganz Paris kennen wird, hat aus Indien, wo sie mit einem hohen Offizier verheiratet war, auf recht eigenwilligen Legenden basierende Tempeltänze mitgebracht. [...] Mit bemerkenswerter Geschmeidigkeit bietet Lady MacLeod diese wirklich sehenswerten Tänze dar, die in Klubs und Salons begeistert aufgenommen werden. Die getanzte Legende von der Prinzessin und der bezaubernden Blume fand großen Beifall.«

Über ihre Tänze in Wien schrieb man: »Isadora Duncan [US-amerikanische Tänzerin, 1877–1927 – d. Verf.] ist tot, es lebe Mata Hari! Die Barfußtänzerin ist vieux jeu, die Künstlerin up to date zeigt mehr [...]. Mata Haris Tänze seien ein Gebet [...]. Der Inder tanzt, wenn er die Götter ehrt. Mata Hari selbst tritt gemessenen Schrittes ein. Eine junonische Erscheinung. Große, feurige Augen verleihen ihrem edel geschnittenen Gesicht besonderen Ausdruck. Der dunkle Teint – offenbar Erbstück von Großpapa Regent – kleidet sie prächtig, eine exotische Schönheit ersten Ranges. Ein weißes faltiges Tuch hüllt sie ein, eine rote

Mata Hari tanzte barfuß.

Rose schmückt das tiefschwarze Haar. Und Mata Hari tanzt [...]. Das heißt: sie tanzt nicht. Sie verrichtet ein Gebet vor dem Götzenbild, wie ein Priester den Gottesdienst. [...] Unter dem Schleier trägt die schöne Tänzerin auf dem Oberkörper einen Brustschmuck und einen Goldgürtel [...], sonst nichts. Die Kühnheit des Kostüms bildet eine kleine Sensation. Doch nicht der leiseste Schein der Indezenz [...]. Das, was die Künstlerin im Tanze verrät, ist reinste Kunst. Der Tanz schließt mit dem Sieg der Liebe über die Zurückhaltung [...]. Der Schleier fällt. Mächtiger Beifall ertönt. Schon aber ist Mata Hari verschwunden.«

Mata Hari erlangte internationale Bekanntheit. Fürsten und Botschafter wurden zu ihren Geliebten. Sie sammelte und wechselte die Liebhaber wie andere die Wäsche. Die exotische Tänzerin führte ein luxuriöses, ausschweifendes Leben, und sie war glücklich in ihrer Rolle als Vorreiterin kommender Striptease-Damen.

Der Pariser Journalist Marcel Lami, der Margaretha Geertruida Zelle als Mata Hari während einer ihrer ersten Striptease-Darbietungen erlebte, bezeichnete ihre erotisch-tänzerischen Vorführungen als »eine Art getanztes Gebet«.

Ein anderer französischer Journalist beschrieb ihren Auftritt wie folgt: »Eine große dunkle Gestalt schwebt herein. Kräftig, braun, heißblütig. Ihr dunkler Teint, ihre vollen Lippen und glänzenden Augen zeugen von weit entfernten Landen, von sengender Sonne und tropischem Regen. Sie wiegt sich unter den Schleiern, die sie zugleich verhüllen und enthüllen. [...] Das Schauspiel läßt sich mit nichts vergleichen, was wir je gesehen haben. Ihre Brüste heben sich schmachtend, die Augen glänzen feucht. Die Hände recken sich und sinken wieder herab, als seien sie erschlafft vor Sonne und Hitze. [...] Ihr weltlicher Tanz ist ein Gebet; die Wollust wird zur Anbetung. Was sie erfleht, können wir nur ahnen [...]. Der schöne Leib fleht, windet sich und gibt sich hin: es ist gleichsam die Auflösung des Begehrens im Begehren.«

1906 hielt sie sich in Berlin auf. Sie lernte den Großgrundbesitzer Alfred Kiepert kennen und mit ihm auch den Kronprinzen Wilhelm von Preußen (1882–1951). Uniformierten Männern, so wird immer wieder berichtet, konnte sie nicht widerstehen: »Männer in Uniform wirken auf mich wie starke Bäume, die man nicht fällen kann, wie Bäume im Sturm, die sich wiegen, aber nicht zu Fall gehen. Sie sind stark und mächtig, und ich kann mich ihnen ohne Scheu und bedenkenlos hingeben, mich fallen lassen, ohne Angst haben zu müssen.«

Es dauerte nicht lang, bis ihr Stern sank und ihr Schleier zum letzten Mal fiel. In den europäischen Varietés gab es genügend Konkurrenz. Mata Hari wurde kopiert, unter anderem von der sehr erfolgreichen Schriftstellerin und Tänzerin Colette (1873–1959), die im »Moulin Rouge« fast nackt als ägyptischer Traum zu sehen war. Nicht zuletzt verlor das Original altersbedingt an Anmut, Liebreiz und Formvollendung. Zu diesem Zeitpunkt, 1915, kam es Mata Hari gerade recht, daß ein deutscher Generalkonsul sie als Agentin anwarb. Alfred Kiepert stellte den Kontakt mit dem Baron Edouard Willem van der Capellen (1863–1935) her, einem für den deutschen Geheimdienst tätigen holländischen Offizier. Um ihre Finanznöte decken zu können und sich über die Geldverlegenheiten hinwegzuhelfen, nahm sie das Angebot einer Spionagetätigkeit an: 20.000 Francs konnte die Tänzerin nicht ausschlagen.

Ob sie sich der heiklen Lage, in die sie sich hineinmanövrierte, bewußt war oder ob sie die schwelende Gefahr der Enttarnung im Laufe der Zeit verdrängte, bleibt ihr Geheimnis. Wahrscheinlich wußte sie um beides. Der Plan der »Geheimdienstmänner« war einfach und genial: Die Schöne mit dem Decknamen »H21« sollte englischen und französischen Militärs brisante Kriegsgeheimnisse entlokken, indem sie sich durch deren Betten schlief. »Mein Lieber, Ihr seid so unerschrocken, so überaus männlich und tapfer«, umsäuselte sie ihre Opfer, und diese konnten nicht umhin, ihr stolz von den geheimen Aufgaben zu berichten, mit denen sie betraut waren. Sie umgarnte einen nach dem anderen und entlockte ihren Liebhabern Geheimnisse, die sie an ihre Vorgesetzten weitergab – gegen finanziellen Dank. Unter den Abhöropfern waren Jules Cambon (Generalsekretär des Außenministeriums), Adolphe Messimy (ehemaliger Kriegsminister) und Jean Hallaure (Offizier des Kriegsministeriums). Ihr Führungsoffizier sollte in der Folge Major von Roepell werden, der sie in den Feinheiten der Spionage unterwies. Dennoch, Mata Hari beging einen gravierenden Fehler: Sie war der Meinung, mit den Geheimdienst-Agenten so lavieren zu können wie einst mit ihren Liebhabern und Gönnern. Die Zeiten und die Umstände allerdings hatten sich geändert, und diese Tatsache zog »H21« nicht ins Kalkül, was ihr schließlich zum Verhängnis werden sollte. Hinzu kam ein Funkspruch der Deutschen, der die Doppelagentin kompromittierte. Bis heute ist nicht klar, ob er fahrlässig oder gewollt abgesendet wurde.

Im Dezember 1915 meldet »H21« ihrem Vorgesetzten: »Ich konnte herausfinden, daß zum momentanen Zeitpunkt nicht an eine Offensive seitens der Franzosen gedacht wird. Ich kann dies bestätigen, weiß es aus sicherer Quelle. Der deutschen Heeresleitung ist es unschwer möglich, in aller Ruhe einen Überraschungsangriff auf Verdun in die Wege zu leiten.«

Bald arbeitete Mata Hari auch für die Franzosen, von denen sie sage und schreibe eine Million Francs gefordert haben soll. Als Doppelagentin witterte sie ein einträgliches Geschäft. Allerdings kam ihr die französische Spionageabwehr im Februar 1917 auf die Schliche. »Hauptmann, gestatten Sie mir, mein Bad zu Ende einzunehmen?« soll die Schönheit erbeten haben, als man sie in ihrem Gemach im Hotel »Elysées Palace« festnehmen wollte. Es blieb Mata Hari jedoch nicht erspart, Hauptmann Pierre Bouchardon (1870–1950), dem Untersuchungsrichter des Kriegsgerichts, vorgeführt zu werden. Monatelange Verhandlungen folgten, die sie nicht in die Knie zwingen konnten, sie jedoch allmählich zermürbten. Am Ende gestand sie, im Sold der deutschen Botschaft gestanden zu haben. Damit war für Bouchardon klar: »Ich erblickte eine große Frau mit wulstigen Lippen und kupferfarbenem Teint, mit falschen Perlen in den Ohren vom Typus einer Wilden. Katzenhaft. Geschmeidig. Durchtrieben. Ohne Skrupel und daran gewöhnt, sich der Männer zu bedienen, ist sie der Typ einer Frau, die zur Spionin prädestiniert ist.«

Mata Hari spielte den Deutschen keine kriegsentscheidenden Informationen zu – Kriege werden nicht von Spionen entschieden. Politisch war sie nie engagiert, Politik interessierte sie nicht. Mata Hari spionierte nicht aus Überzeugung, sondern des Geldes wegen. Sie finanzierte ihren verschwenderischen Lebensstil und lebte damit ziemlich gefährlich. Sie ließ sich obendrein von ihren Liebhabern aushalten, aber auch die hierdurch erzielten Einnahmen reichten nicht immer, um ihrem verwöhnten Wesen zu genügen.

Die Meinungen, ob Mata Hari zurecht hingerichtet wurde, gehen noch immer auseinander. Wurde sie unschuldig zum Tode verurteilt? Hatte Frankreich in »H21« möglicherweise endlich eine Schuldige gefunden, um seine militärische Niederlage mit Millionen Toten in der Schlacht an der Somme sowie am Höhenzug Chemin des Dames auf die Spionin abzuwälzen?

Major von Roepell sagte nach ihrem Tod: »Ich persönlich glaube, daß sie bestimmt sehr gut beobachtet und gemeldet hat; denn sie war eine der klügsten Frauen, die ich je kennengelernt habe. Spionage zugunsten Deutschlands hat sie bestimmt betrieben, und ich bin der Meinung, daß sie von den Franzosen – leider – zurecht erschossen wurde.«

Mata Haris Leben und Wirken wird auch weiterhin zu Spekulationen anregen. Zwar gaben die Briten die Akten zur Einsicht frei, die Franzosen lassen damit aber immer noch auf sich warten. Laut den britischen Akten soll Mata Hari nie ein Geständnis abgelegt haben. Vielleicht wird der Prozeß eines Tages neu aufgerollt? Doch von wem? Wer – außer die Historiker – sollte ein Interesse daran haben?

Nach der Hinrichtung wurde der Leichnam dem pathologischen Institut der medizinischen Fakultät der Sorbonne zur Verfügung gestellt. Jahre später verschwinden die sterblichen Überreste der Doppelagentin auf mysteriöse Weise.

1931 nahm sich Greta Garbo, der Shooting-Star des frühen Tonfilms, der Thematik und Biographie Mata Haris an. Diese Rolle brachte ihr den Beinamen »die Göttliche« ein. Mata Hari ihrerseits ging als die schönste Spionin in die Geschichte ein.

Amelia Earhart

AMELIA EARHART

PILOTIN UND FRAUENRECHTLERIN
(1897–1937)

Ihr Beruf war ihre Berufung. Die Flugpionierin Amelia Earhart schrieb mehrfach Fluggeschichte und wurde weltweit als die erste Frau bekannt, die einen Transatlantik-Alleinflug wagte. Sie opferte ihr Leben für ihren Traum und kehrte nicht von der letzten Etappe ihrer versuchten Erdumrundung im Jahr 1937 – kurz vor ihrem 40. Geburtstag – zurück.

Am 24. Juli 1897 kam Amelia in Atchison, im Bundesstaat Kansas in den USA, zur Welt. Das genaue Sterbedatum ist unbekannt, da sie seit dem 2. Juli 1937 als im Pazifik verschollen galt. Erst am 5. Januar 1939 wurde sie für tot erklärt.

Das Interesse an Männerberufen kristallisierte sich schon recht früh heraus. Vater Samuel Edwin Stanton (1872–1930) war ein deutsch-amerikanischer Jurist und Mutter Amelia Amy Otis (1869–1962) eine gutherzige Person, die die Familie auch während der schweren Zeit der Alkoholkrankheit ihres Mannes zusammenzuhalten versuchte. Amelia hatte zudem eine zwei Jahre jüngere Schwester namens Grace Muriel.

Amelia verbrachte ihre Kindheit praktisch bei den Großeltern. Ihr Anderssein soll schon im Kindesalter erkennbar gewesen sein. Sie war nicht das typische Mädchen, soll lieber Ratten mit dem Gewehr gejagt haben. Außerdem war kein Baum vor ihr sicher; behände kletterte sie den Stamm hinauf und in das Astwerk hinein. Amelia interessierte sich für Frauen in Männerberufen und trug sämtliche Zeitungsartikel darüber zusammen. Damals wußte sie noch nicht, daß sie selbst einmal zu einer solch mutigen und selbständigen Frau werden würde.

1915 beendete Amelia die High School. Sie schloß mit Auszeichnung ab. In Zeiten des Ersten Weltkriegs arbeitete die damals 19jährige in Toronto als Militärkrankenschwester und anschließend als Sozialarbeiterin in Boston. Während ihrer Zeit als Militärkrankenschwester erkrankte sie an der Spanischen Grippe und begann schließlich 1919 ihr Medizinstudium, welches sie allerdings bereits nach einem knappen Jahr wieder abbrach und zurückkehrte nach Los Angeles in den Schoß der Familie.

Das Interesse für die Fliegerei schlummerte schon länger in ihr und wurde schließlich geweckt, als sie zum ersten Mal in einem Flugzeug saß. Damals war Amelia 23 Jahre, eine junge Frau mit Träumen, die keine Illusionen bleiben sollten. Ein wahrhaft kostspieliger Traum war die Pilotenlizenz, die im Jahr 1920 300 US-Dollar kostete. Von ihren Eltern konnte sie dahingehend keine Unterstützung erwarten. Stets ihr Ziel vor Augen, arbeitete sie hart und in mehreren Jobs gleichzeitig, um der Lizenz stetig ein Stück näher zu kommen. Als sie endlich die erste Flugstunde zahlen konnte, nahm sie diese bei keiner Geringeren als der US-amerikanischen Flugpionierin Neta Snook (1896–1991), der ersten Pilotin, die ihre eigene Flugschule eröffnete. Schon ein halbes Jahr darauf konnte sie eine Kinner Airster ihr eigen nennen. Lediglich ein Jahr nach der ersten Flugstunde brach die schöne und stolze Amerikanerin den

Frauenhöhenrekord, indem sie sage und schreibe 4.267 Meter (14.000 Fuß) hoch flog.

1924 brach die Familie auseinander. Die Eltern ließen sich scheiden und Amelia ging mit ihrer Mutter an die Ostküste, wo sie – um dieser einen Gefallen zu tun – ihr Flugzeug verkaufte. Ein Sportwagen wurde stattdessen angeschafft. Amelia Earhart verdiente ihren Lebensunterhalt als Lehrerin und anschließend als Sozialarbeiterin. Sie mag glücklich gewesen sein, trotzdem füllten sie diese Tätigkeiten nicht aus. Sie vergaß das Fliegen nicht gänzlich, doch erst nach Jahren entflammte das Feuer für die Lüfte erneut.

Ein Jahr später war es dann so weit. Die Mutter konnte Amelia nicht davon abbringen, wieder in ein Flugzeug zu steigen. Eine Fokker Trimotor sollte es sein, die für eine Atlantiküberquerung in die Luft ging. An Bord der Pilot Wilmer Stultz (1900–1929) und sein Co-Pilot Louis E. Slim E. Gordon (1901–1964), der gleichzeitig für die Mechanik verantwortlich war. Amelia Earhart war als Passagierin eingetragen, wohl aber für das Flugbuch verantwortlich. Der Flieger startete am 17. Juni 1928 in Neufundland und landete am darauffolgenden Tag, nicht ganz 21 Stunden später, bei Burry Port in der Nähe von Llanelli in Wales. Amelia Earhart war somit die erste Frau, die den Atlantik fliegend überquerte. Man feierte die schöne Frau, als hätte sie persönlich das Flugzeug gesteuert. In einem Interview sagte die Anfang 30jährige: »Stultz flog, ich war lediglich Gepäck, ähnlich wie ein Sack Kartoffeln.« Sie setzte allerdings nach: »Vielleicht werde ich es eines Tages allein versuchen.«

Dennoch wurde Amelia schon mit diesem Mitflug zur Ikone und zum Vorbild für die weibliche amerikanische

Jugend. Während dieser Zeit kristallisierte sich heraus, daß Amelia nicht nur zur Flugpionierin taugte, sondern auch zur Frauenrechtlerin. Auf der politischen Bühne erhob sie ihre Stimme, engagierte sich für das weibliche Geschlecht und stellte bewußt kritisch ihren Standpunkt dar: Frauen dürften nicht anders behandelt werden als Männer, egal in welchem Bereich des Lebens. Zudem dürfe sich die Frau aber auch nicht hinter der Rolle einer Frau verstecken und diese als Ausflucht suchen. Daß sie populär war, verschaffte ihr Gehör – und sie nutzte es aus, um ihre feministischen Ziele durchzusetzen. Amelia sprach sich nicht nur gegen das traditionelle Erziehungssystem aus, sondern auch gegen die strikte geschlechterbedingte Rollentrennung. »Frauen sind, genau wie Männer, in der Lage, technische Höchstleistungen zu vollbringen.« Sie war für diese Aussage das beste Beispiel. Daß Frauen an technischen Hochschulen studieren dürfen, geht auf ihr Engagement zurück. Die Pazifistin Earhart unterstützte 1936 sogar Franklin D. Roosevelt (1882–1945), den 32. Präsidenten der Vereinigten Staaten, in Bezug auf dessen Wiederwahl. Eleanor Roosevelt und Amelia Earhart waren befreundet, sie verstanden sich menschlich und politisch sehr gut.

1931 heirateten Amelia Earhart und der amerikanische Verleger, Autor und Entdecker George P. Putnam (1887–1950), der sie schon seit längerem verehrte. Die beiden gingen eine offene Ehe ein, denn Amelia war für die Lüfte geboren, nicht für das stete häusliche Leben an der Seite eines Mannes. So soll sie geäußert haben: »George, ich mag dich wirklich sehr, wobei ich ehrlich zugebe, daß ich nie für mich und meine Zukunft geplant hatte, mich an einen Mann zu binden. Ich bin es dir schuldig, meine Gefühle vor dir zu offenbaren, weil du dies mir gegenüber auch tust.«

Amelia Earhart begab sich schließlich im Jahr 1932 auf ihre bisher gefährlichste Mission: Sie wollte den Atlantik im Soloflug überqueren. Die Pilotin startete in Neufundland und flog in Richtung Paris. Ihr Endziel erreichte die starke Frau zwar nicht, jedoch hatte sie den Atlantik allein überquert und wurde wieder einmal gefeiert und mit jeder Menge Orden überhäuft. US-Präsident Herbert C. Hoover (1874–1964) persönlich überreichte Amelia Earhart eine Goldmedaille und ehrte sie als erste Frau, welche die Distinguished Flying Cross verliehen bekam – eine Auszeichnung, die in den USA seit 1926 für heldenhafte und außergewöhnliche Leistungen verliehen wird.

Amelia versuchte, ihre Leistung zu schmälern. Sie war nicht auf Auszeichnungen aus, sondern erhob sich in die Luft, weil sie es liebte. Daher stellte sie während der Verleihung des Preises richtig: »Ich hatte noch genügend Treibstoff – und nicht, wie verbreitet, nur noch einen Liter – im Tank gehabt. Außerdem habe ich bei der Landung auch keine Kuh getötet.« Dabei lächelte sie unschuldig.

Anfang des Jahres 1935, nicht einmal drei Jahre nach ihrem Atlantik-Projekt, unternahm Amelia einen ersten Alleinflug über den Pazifik. Startpunkt war Honolulu auf Hawaii, und als Ziel visierte die robuste Schönheit Oakland in Kalifornien an. Im gleichen Jahr unternahm sie sogar als erster Mensch einen Alleinflug von Mexiko/Stadt nach Newark. Sie hatte stets neue verrückte Ideen im Kopf, die sie zu verwirklichen gedachte, und plante getreu dem Motto: »Nach dem Flug ist vor dem Flug, und nach der Extremleistung ist vor der Extremleistung«.

Die Welt mit dem Flugzeug zu umrunden war Amelias größter Traum. Zum ersten Mal nahm sie dieses waghalsige Projekt im Frühjahr 1937 gemeinsam mit ihrem Naviga-

Amelia Earhart, 1935.

tor Fred Noonan (1893–1937) in Angriff. Der erste Versuch war zum Scheitern verurteilt. Aber Amelia ließ nicht locker, sie wollte ihre Mission unbedingt erfolgreich beenden und begab sich schon zwei Monate später wieder in die Lüfte. Die deutsche Pilotin Elly Beinhorn (1907–2007) hatte das Wagnis, die Welt im Alleinflug zu umrunden, bereits 1932 gewagt und sogar geschafft. Allerdings war sie nicht wie Amelia Earhart in Höhe des Äquators geflogen, sondern auf einer weitaus südlicheren und somit kürzeren Route.

»Please know I am quite aware of the hazards. I want to do it because I want to do it. Women must try to do things as men have tried. When they fail, their failure must be but a challenge to others« soll Amelia Earhart wörtlich gesagt haben, bevor sie 1937 zu ihrer Erdumrundung aufbrach. [»Ich möchte Ihnen zu bedenken geben, daß ich mir über die Gefahren ziemlich im Klaren bin. Ich will es tun, weil ich es tun will. Frauen müssen Dinge genauso versuchen, wie Männer es getan haben. Wenn sie versagen, darf ihr Versagen nichts anderes sein als eine Herausforderung für andere.« – d. Verf.]

Von Miami, Amelias Startpunkt, bis Rangun klappte alles wie geplant. 22.000 Meilen waren absolviert. Mehr als die Hälfte hatten die beiden hinter sich gebracht, es lagen noch einmal 7.000 Meilen vor ihnen. Von Lae/Neuguinea aus machten sie sich bereit für die letzte Etappe über den Pazifik. Die Lockheed Modell 10, Electra erhob sich in die Luft. Majestätisch, einem Vogel gleich, zog sie ihre Kreise und verschwand alsbald am Horizont.

Die Howlandinsel, die Amelia und ihr Navigator anfliegen wollten, war in den damaligen Karten nicht korrekt eingezeichnet. Die Position wich zehn Kilometer von der tatsächlichen Lage ab. Der Himmel zeigte sich bewölkt, es herrschten eingeschränkte Sichtverhältnisse. Möglicherweise berechnete Noonan die Flugzeugposition fehlerhaft. Dann wurde die Kommunikation zwischen beiden unterbrochen. Amelia hoffte, ihr Ziel mit Unterstützung der SS Itasca zu finden. Man hatte jedoch nicht bedacht, daß die Funkpeilsysteme ihrer Lockheed Electra und die der SS Itasca nicht aufeinander abgestimmt waren.

»I say again prevailing flight conditions insufficient. I repeat prevailing flight conditions insufficient. Deficiency range of vision.« [»Ich sage es noch einmal: Die vorherrschenden Flugbedingungen sind unzureichend. Ich wiederhole: vorherrschende Flugbedingungen unzureichend. Eingeschränkte Sicht. « – d. Verf.] Amelia wartete vergeblich auf Antwort. Ihr Navigator Noonan gab erneut die Flugrichtung durch. Beide blieben konzentriert bis zur letzten Minute, als plötzlich der Funkkontakt komplett abriß. Das Flugzeug kam nie an seinem Ziel, der Howlandinsel, an.

Der letzte Funkspruch war noch nicht verklungen, schon leitete man die Suche nach der Flugpionierin Amelia Earhart und ihrem Navigator Noonan ein. Acht Kriegsschiffe sowie 64 Flugzeuge sollen an der Suchaktion, die als die bis dato größte in die Geschichte der Luftfahrt einging, beteiligt gewesen sein. Sage und schreib e 402.000 Quadratkilometer Wasserfläche wurden abgesucht und vier Millionen US-Dollar in die Suchaktion investiert. Doch sie war nicht von Erfolg gekrönt. Weder das Flugzeug noch die beiden Besatzungsmitglieder wurden je gefunden. Am 19. Juli 1937 stellte man die Suche nach den Vermißten ein. Anfang 1939 wurden Amelia Earhart und Fred Noonan offiziell für tot erklärt.

Über die Ursachen des Unglücks kursieren zwei Theorien: Zum einen könnte es sein, daß das Flugzeug notwassern mußte und schließlich unterging – mit ihm Amelia Earhart und Fred Noonan. Die Electra würde also noch heute nahe der Howlandinsel auf dem Meeresgrund liegen. Die zweite Theorie, die durch nachweisliche Umstände gestützt wird, ist folgende: Amelia Earhart sei auf Gardner Island notgelandet. Dort haben sie und ihr Begleiter Noonan für kurze Zeit überleben können, da es ein unbewohntes Atoll der Phönixinseln und bis heute unbewohnt ist. Die Insel, die seit 1979 Nikumaroro heißt, verfügt über sehr wenig Trinkwasser. Im Jahr 1940 wurden auf der Insel ein Damenschuh sowie eine leere Sextantenkiste entdeckt. Ein unvollständiges Skelett gab außerdem Rätsel auf, und noch mehr die Tatsache, daß es späterhin verschwand. 2007 wurden erneut Überreste eines Kleidungsstücks gefunden, die auf eine Marke hindeuten, die die Verunglückte getragen habe. Zudem wurden Knöpfe, der Spiegel einer Puderdose sowie Blech, welches von der Electra stammen konnte, sichergestellt. Wissenschaftler versuchen unbeirrt, das Rätsel des Verschwindens zu lösen. Ein Ausgrabungsprojekt im Jahr 2010 förderte weitere Gegenstände und Knochenfragmente zutage. Im Sommer 2012 schickte man ein Roboter-U-Boot auf den Meeresboden, um nach Wrackteilen der Electra zu tauchen – erfolglos.

Der Lebenslauf der willensstarken, couragierten Amelia Earhart läßt zahlreiche Rekorde und besondere Leistungen erkennen. Sie bleibt verschwunden, aber im kollektiven Gedächtnis und in der Geschichte der Luftfahrt sowie der Frauenrechtsbewegung lebt sie fort.

Doris Lessing, Deutschland, 2006.

DORIS LESSING

FEMINISTIN UND POLITISCH ENGAGIERTE (1919–2013)

Der britischen Schriftstellerin Doris Lessing wurde 2007 der Friedensnobelpreis für Literatur zuerkannt. Sie war die elfte Frau in der Geschichte dieses Preises, der er verliehen wurde. »Oje, es könnte mir nicht egaler sein«, soll sie zu dieser Auszeichnung gesagt haben. Marcel Reich-Ranicki (1920–2013) kommentierte, vielleicht drei ihrer Bücher gelesen zu haben, doch nichts habe ihn wirklich beeindruckt.

Die 1919 in Kermānschāh im Iran geborene Doris war das Kind einer Krankenschwester und eines Bankangestellten. Als Doris May Tayler sechs Jahre alt war, zog die Familie nach Südrhodesien, dem heutigen Simbabwe, wo sie die Klosterschule besuchte. Doris' Kindheit war alles andere als glücklich. Die trostlose und schwierige Lage der einheimischen Bevölkerung ging ihr nahe und machte sie unglücklich. Als britische Siedler war die Familie weit entfernt vom gewünschten großbürgerlichen Dasein. Das Stück Land, welches sie bewirtschafteten, konnte sie geradeso ernähren. Reich wurden sie keinesfalls. Der jungen Doris fiel es schwer, sich durchzusetzen. Das Leben auf dem Land war nicht das ihre. Die Eltern hatten ein Einsehen mit der Jugendlichen, gewährten ihr, zu arbeiten und von der Schule zu gehen. Eine Zeitlang arbeitete Doris als Kindermädchen, bald aber nahm sie Tätigkeiten als Telefonistin, Sekretärin und im Bereich des Journalismus an. Es zeichnete sich schon frühzeitig ab, daß sie kein Händchen für Kindererziehung hatte.

1939, gerade einmal 20jährig, heiratete Doris den Kolonialoffizier Frank Charles Wisdom. Die beiden waren lediglich vier Jahre verheiratet. Zwei Kinder entsprangen dieser Beziehung, die nach der Scheidung beim Vater verblieben. Zwei Jahre später heiratete Doris den aus Deutschland emigrierten Kommunisten Gottfried Lessing (1914–1979). 1947 kam Sohn Peter auf die Welt. Nach der Scheidung im Jahr 1949 nahm sie ihn mit sich nach England. Sohn und Mutter lebten gemeinsam mit ihrer Katze Yum-Yum in einer engen Beziehung zueinander. Die Schriftstellerin betreute ihren Sohn während seiner schweren Krankheit. Peter starb drei Wochen vor seiner Mutter.

Genannter Gottfried Lessing war der Bruder von Klaus Gysis Frau Irene und somit Onkel des Juristen, Rechtsanwalts und Politikers Gregor Gysi, der seit 2005 Mitglied des Deutschen Bundestages ist. Gottfried selbst war ebenfalls Jurist und Diplomat der DDR.

Im August 2015 wurde bekannt, daß Doris Lessing zwischen 1943 und 1964 vom Security Service, dem britischen Geheimdienst, überwacht und ausspioniert worden war. Die Bespitzelung reichte so weit, daß man nicht nur Doris' Telefongespräche abhörte und ihre Post überwachte, sondern sie auch während ihrer Reisen verfolgte. Scotland Yard beschattete Doris Lessing rund um die Uhr und führte beispielsweise Buch darüber, welche internationalen Freunde aus linken Kreisen bei ihr zu Gast waren. Eines ist klar: Doris Lessing sympathisierte während dieser Zeit schon fast fanatisch mit dem Kommunismus. Während des Zweiten Weltkriegs trat sie der Kommunistischen Partei

Großbritanniens bei. Ihre Mitgliedschaft beendete Doris Lessing, nachdem sie von der Niederschlagung des Ungarnaufstandes 1956 und den Enthüllungen der Verbrechen des Stalinismus erfahren hatte.

Der politisch und sozial engagierten Schriftstellerin waren gesellschaftliche Themen wichtig. Sie trat ein für Gerechtigkeit und gegen das Apartheitsregime in Südafrika, gegen Rassismus, Kolonialismus und Atomwaffen. Mit ihrer Meinung machte sie sich nicht immer Freunde und wurde zur Kämpferin für die Rechte der Frauen. Ihr bekanntestes Werk, »Das goldene Notizbuch«, kann als die zentrale literarische Fibel der Frauenbewegung angesehen werden und ließ Doris zur Ikone des Feminismus werden.

Am 21. August 2015 war in der Presse zu lesen, was das britische Nationalarchiv veröffentlichte:

Heute haben wir der Öffentlichkeit 102 zuvor Top-Secret-Dateien aus dem UK Security Service zur Verfügung gestellt – manchmal auch als MI5 bekannt.

Die Akten zeigen viel über die Aktivitäten von Kalten Kriegsspionen, kommunistischen Sympathisanten, die britische faschistische Bewegung sowohl während als auch nach dem Zweiten Weltkrieg und andere Personen, die der Sicherheitsservice-Untersuchung zwischen 1926 und 1964 unterliegen.

Einige vertraute Namen sind:

Nobelpreisträgerin Doris Lessing, die bis 1956 Mitglied der Kommunistischen Partei Großbritanniens war (KV 2/4054 bis 4058).

[...]

Hören Sie eine Einführung in die Akten von Professor Christopher Andrew, ehemaliger offizieller Historiker des MI5, oder lesen Sie mehr auf unserem Blog.

Im Nationalarchiv ist weiterhin zu lesen:

Referenz: KV 2/4058
Beschreibung:

Doris May LESSING, auch bekannt als Dorothy LES-
SING, Doris May WISDOM, Doris May TAYLER: Südrho-
desierin, Britin. Doris LESSING wurde in den frühen
1940er Jahren zum ersten Mal bekannt, als sie (mit ihrem
damaligen deutschen Ehemann) den Salisbury Left Club in
Südrhodesien kontrollierte. Sie zog 1949 nach Großbritan-
nien. Spätestens 1953 war sie Mitglied der Kommunistischen Partei Großbritanniens (CPGB), engagierte sich in
der Autorengruppe und war 1954 Dramakritikerin der
Daily Worker. 1956 besuchte sie mehrere Wochen die Zen-
tralafrikanische Föderation und erstattete dem CPGB Bericht. Später im selben Jahr trat sie nach dem sowjetischen
Einmarsch in Ungarn aus der Partei aus, blieb aber in der
Bewegung für koloniale Freiheit aktiv

»Ich spiele mit Worten und hoffe, daß irgendeine Kombi-
nation ausdrückt, was ich will«, sagte Doris Lessing in Bezug auf ihre schriftstellerische Tätigkeit, der mehr als 40
Bücher entsprangen. Ihre Romane spielen mehrfach in
Afrika und thematisieren das Menschliche und das Verhältnis der Geschlechter. Die »Afrikanische Tragödie«
wäre beinahe im Papierkorb gelandet, da der Verleger ihren Debütroman erst einmal abgelehnt hatte. Fünf Jahre
dauerte es, bis das Buch dieser bemerkenswerten Frau
schließlich 1950 erschien. Das Werk der Schriftstellerin,
die immer wieder für literarische Skandale sorgte, kann als
sehr vielfältig auch in Bezug auf die Genreausrichtung be-

trachtet werden. Lessing fühlte sich sowohl im Bereich des erzählenden Realismus wohl als auch in den Gattungen Märchen, Fabel, Essay und Science-Fiction. Sie erkundete in ihren Werken förmlich die Welt. Doris Lessing war eine freie Frau und hatte sich ihre Eigenständigkeit – trotz der Überwachung, von der sie möglicherweise gar nichts bemerkte – selbst erarbeitet. Als Schriftstellerin war sie eins mit sich und der Welt und tat, was sie für richtig hielt.

Zum Tod seiner Tante ließ Gregor Gysi verlauten:
»Mein Urteil über Doris Lessing: Sie war eine große Schriftstellerin. Ihr erster Roman, ›Afrikanische Tragödie‹, der den Rassismus anprangerte, bescherte ihr auch ersten Ruhm und für einige Zeit ein Einreiseverbot nach Südafrika. Meiner Meinung nach ist das ihr wichtigstes Werk. In dieser Zeit war sie auch Mitglied der Kommunistischen Partei Großbritanniens, die sie später verließ. Ihr einflußreichstes Buch ist jedoch ›Das Goldene Notizbuch‹. Sieht man von der ungewöhnlich starken Erzählkunst ab, wurde es darüber hinaus für die feministische Bewegung wichtig, es wurde deren ›Bibel‹. Ich möchte einfach die These riskieren, daß man als veränderter Mensch die Lektüre des ›Goldenen Notizbuchs‹ beendet. Ja, Doris Lessing war ein Geschenk an die Weltliteratur. Sie hinterläßt uns mit ihrem Werk einen Schatz an Menschlichkeit, Skepsis, Leidenschaft, Weiblichkeit und visionärer Kraft. In ihren Werken lebt davon etwas weiter.«

Ingrid Betancourt

INGRID BETANCOURT

POLITIKERIN UND GEISEL
(GEB. 1961)

Wieder versinkt der glutrote Ball über dem dichten, undurchdringlichen Dschungel, und wieder geht ein Tag vorüber, der von quälenden Gedanken und fürchterlichen Ängsten geprägt war. Es würde kalt werden und Ingrid hatte nur eine dünne kratzige Decke, die sie sich um ihren abgemagerten Körper wickeln konnte. Zudem plagen sie, wie jeden Tag, der Hunger und die Zweifel, ob sie jemals wieder in Freiheit würde leben können.

Die ehemalige Präsidentschaftskandidatin der 1997 gegründeten Partei Oxígeno Verde fristet gemeinsam mit elf weiteren kolumbianischen Geiseln seit 2002 – schon mehr als zwei Jahre – ein Leben in Gefangenschaft. Die Angst ist allgegenwärtig. Die Geiseln werden, so war es auch heute wieder der Fall, durch den Dschungel getrieben – eine sinnlose Pein, die Kräfte raubt, denn kein Ziel ist in Sicht. Auf Ingrid wirkt diese Baumwüste so undurchschaubar und bedrückend. Nichts ist um sie herum, nur Dschungel! Weit ab von der Zivilisation legt sich die Politikerin auf ihr Lager und versucht, sich mit der dünnen Decke so gut es geht zu wärmen. Die Gedanken kreisen. Ihre innere Stimme sagt ihr, daß es nichts bringt, immer wieder jenen Tag im Februar 2002 zu rekonstruieren. Sie ist hier und muß das Beste daraus machen. Sie will überleben, für ihre Familie und für sich selbst. Ob jemals eine Befreiung möglich ist?

Am 23. Februar 2002 wurden Ingrid Betancourt und ihre Wahlkampfleiterin Clara Rojas von linksgerichteten FARC-Rebellen entführt. Die beiden Frauen und ein Kameramann befanden sich ganz in der Nähe des von Rebellen kontrollierten Gebietes. Im Geländewagen, in dem sie ohne Begleitschutz unterwegs waren, trafen sie kurz vor San Vicente del Caguán auf eine Straßensperre der Guerilleros. Ingrid und Clara konnten nicht glauben, was geschah: Sie wurden brutal gepackt, auf ein fremdes Fahrzeug geladen und in den Dschungel verschleppt. Am 15. Mai 2002 hatte Ingrid Betancourt zum ersten Mal nach der Gefangennahme die Möglichkeit, sich an die Öffentlichkeit zu wenden und innerhalb einer Videobotschaft mitzuteilen, daß sie Friedensverhandlungen mit der FARC befürwortet.

Im täglichen Überlebenskampf mußten sich die Gefangenen gegen enorme seelische und körperliche Erschöpfung behaupten. Minute für Minute, Stunde für Stunde, Tag für Tag kämpften sie dagegen an, nicht aufzugeben und sich ihrem Schicksal zu ergeben, sondern Mut zu fassen, Stärke zu beweisen und an das Positive zu glauben. Das wenige Essen, das die Gefangenen erhielten, war zu wenig zum Sattwerden, aber zu viel, um zu verhungern. Es gab außerdem viel zu wenig zu trinken, so daß die Geiseln ständig unter Durst litten. Dieses fürchterliche Verlangen nach Wasser war noch schlimmer zu ertragen als der quälende Hunger und schaffte es bisweilen, daß Ingrid und ihre Leidensgenossen nachts Alpträume ereilten. Am Tag verfiel der eine oder andere in einen anhaltenden Taumel, in eine Mattigkeit, die oft in Bewußtlosigkeit gipfelte. Nur gegenseitig konnten sie sich helfen und stärken. Den Kranken verhalfen sie zu etwas mehr Wasser, indem sie von der eigenen Ration etwas abzwackten. Die Rebellen hatten kein

Ohr für die Kranken und auch kein Mitleid mit den Gefangenen, im Gegenteil. Sie ließen die Kranken noch eine Runde mehr um den Platz laufen, um ein Exempel zu statuieren. Die anderen konnten nichts tun, nur zusehen und schaudern ob der Skrupellosigkeit ihrer Peiniger. Gemeinsam hielten sie durch und ermutigten sich, daß sie sicherlich irgendwann aus der Gefangenschaft befreit würden. Sie durften sich nicht unterkriegen und vor allem sich nicht des letzten Fünkchens Menschlichkeit berauben lassen. Aber ein Tag nach dem anderen verging, ohne daß Informationen von außen ins Lager drangen, weder positive noch negative.

2002 trat Ingrid Betancourt bei den Präsidentschaftswahlen in Kolumbien an. Vater Gabriel vertrat sein Heimatland Kolumbien bei der UNESCO und war seines Zeichens kolumbianischer Bildungsminister. Ingrids Mutter Yolanda Pulecio – einst Schönheitskönigin und in der Folge Abgeordnete – gründete in den Elendsvierteln Bogotás Heime für Straßenkinder.

Es war für Ingrid der schlimmste Schlag, der sie treffen konnte, als sie wenige Wochen nach ihrer Entführung erfuhr, daß ihr Vater an einem Herzinfarkt verstorben war. Sie saß im Dschungel fest, in der Gewalt der Rebellen und wußte, daß sie ihrem Vater nie wieder würde gegenübertreten können. Ihr geliebter Papa, der ihr so oft in ausweglosen Situationen zur Seite gestanden hatte, war für sie nicht mehr greifbar. Ingrid konnte sich nicht von ihm verabschieden, das tat ihr unendlich weh. Die beiden würden sich erst wiedersehen, wenn auch Ingrid von dieser Welt gehen mußte. Verzweifelt suchte sie das Gespräch mit Gott, um die unermeßliche Trauer zu überwinden und ihre Standhaftigkeit nicht zu verlieren.

Besonders fehlten Ingrid ihre beiden Lieblinge Mélanie und Lorenzo, ihre Kinder aus erster Ehe. 1997 heiratete Ingrid Betancourt den Mitbegründer der Grünen Partei Kolumbiens (Partido Verde Oxígeno), Juan-Carlos Lecompte. Auf ihre Fahne hatte sich die couragierte und selbstbewußte Frau von Anfang an geschrieben, gegen die Korruption in ihrem Land zu kämpfen. Damals fand sie heraus, daß Präsident Ernesto Samper (1950–1994) seinen Wahlkampf mit Drogengeldern des Cali-Kartells finanziert hatte. Ingrid verlieh ihrer Forderung nach einer unabhängigen Untersuchung in diesem Fall Nachdruck. Man wollte sie weichkochen, als man ihr das Foto einer zerstückelten Kinderleiche zuspielte. Kurz darauf lockte man ihr Auto in einen Hinterhalt, und es wurde auf sie geschossen. Fürchterliche Drohungen gegen sie und ihre Familie veranlaßten Ingrid Betancourt, ihre beiden Kinder im Ausland in Sicherheit zu bringen. Auf die bisherigen Anfeindungen folgte die Entführung der Politikerin. Schon in den 90ern hatte Ingrid Kontakt zu den Guerilleros, speziell zum FARC-Anführer Manuel Marulanda (1930–2008). Noch Mitte Februar des Jahres 2002, also kurz vor der Entführung, diskutierten Ingrid Betancourt und andere Präsidentschaftskandidaten mit den Rebellen über mögliche Kriterien für Frieden und Versöhnung.

Ingrid und die Mitgefangenen waren endlich eingenickt, als sie plötzlich – es war noch stockdunkel – Schläge hörten, die von Holzstöcken am Gitter herzurühren schienen. Was war jetzt wieder los? Was hatten sich ihre Peiniger nun wieder Unmenschliches für sie ausgedacht? »Aufstehen, sofort!« hörte Ingrid im Halbschlaf und war sekündlich wach und bereit, ihr Leben zu verteidigen. Sie raffte ihre Kleidung, eine zerschlissene beige Hose mit Gummizug, der längst ausgeleiert war, und ihr Shirt, welches sie damals bei der Entführung trug. Sie mußte jedes Mal aufpassen, wenn sie es überzog, da sich am Rücken ein breiter Schlitz befand. Er war entstanden, als man die »Neue« kurz nach der Gefangennahme nahe eines alten Schuppens an einem Baum angekettet hatte. Ingrid hatte bisher keine Idee, wie sie diesen Schlitz schließen konnte, daher zog sie auch in der Hitze des Tages die Weste darüber, die man ihr einige Monate nach der Gefangennahme in die »caleta« geworfen hatte, wie der Pferch unter den Geiseln genannt wurde.

Schnell hatte sie sich angekleidet, und das war auch gut so, da die Geiselnehmer schon den Verschlag öffneten und sie wie Tiere mit ihren furchterregenden gewaltigen Holzstöcken hinaustrieben. »Unmenschlich, schlichtweg entwürdigend«, ging es Ingrid noch durch den Kopf, als sie einen Schlag in den Nacken verspürte, der sie allerdings nicht zu Fall brachte. Das hatte sie schon gelernt: Man durfte sich nicht in die Knie zwingen lassen, sonst ging es einem noch schlechter. Man durfte sich nicht erniedrigen lassen, so beschämend all das auch war, was man mit ihnen anstellte. In dieser Nacht, es mochte gerade gegen ein Uhr sein, trieb man die Gefangenen viele Kilometer durch den Dschungel. Wohin sie laufen mußten, wußten sie nicht. Ob man die Gefangenen in ein anderes Lager brachte oder einfach nur im Kreis laufen ließ, war nicht klar. Überhaupt waren die Machenschaften der Rebellen nicht zu durchschauen. Während des Laufens – sie alle wären lieber gekrochen, so fertig waren sie – half ihnen niemand. Sie mußten laufen, egal warum und wie, wenn sie den Stöcken ihrer Schinder entgehen wollten. Ingrid versuchte, sich auf Vergangenes zu konzentrieren und die düsteren Gedanken zu verscheuchen. Die Kolumbianerin, die bereits als internationale Hoffnungsträgerin gefeiert wurde, spürte, daß ihre Leidensfähigkeit täglich bis an die Grenzen ausgereizt wurde. Einzig die Hoffnung auf einen Befreiungsschlag hielt sie am Leben. Doch in dieser Nacht im Dschungel flammte ein weiterer Gedanke auf: Flucht! Ingrid war drauf und dran, unüberlegt das Weite zu suchen, besann sich dann aber der Gefahr, die eine leichtsinnige Flucht mit sich brachte, und überdachte ihre Idee gründlich.

Eine Flucht aus eigener Kraft blieb glücklos. Die Gefangenen hatten es mehrfach versucht, saßen unter einem Kapokbaum, dem Lebensbaum – welch Ironie! –, begegneten Zivilisten ... und wurden schließlich wieder eingefangen und zurückgebracht in ihr Gefängnis, das Ingrid vorkam wie ein Zoo. Diskussionen mit den Rebellen halfen nichts. Ingrid wurde angekettet und nur noch schärfer bewacht.

Das Glück war den Gefangenen endlich hold am Morgen des 2. Juli 2008. Als die Sonne über dem Dschungel aufging und wieder einen extrem heißen Tag versprach, war ein eigenartiges Brummen zu hören, das Ingrid und ihre Kameraden aus einem alptraumgeplagten Schlaf riß. Man sagte ihr, daß sie wieder geschrien habe, wie so oft in den wirren Träumen. Das Brummen war alsbald deutlicher zu hören. Was konnte das sein? An Hilfe von außen dachte in diesem Moment niemand, es schien abwegig nach all der Zeit ... Durch den dichten Blätterwald vernahmen sie das laute Geräusch eines Hubschrauberrotors. Perplex dachten alle an weitere Rebellen, die sicher noch schlimmer zu foltern wußten. Ein Hubschrauber der FARC schien es zu sein, aber irgendetwas war anders, das spürten sie. Die Rebellen am Boden schienen indes nicht zu wissen, was sie tun sollten. Auf der Freifläche seitlich, die die Gefangenen nur etwa zu einem Drittel einsehen konnten, landete der Hubschrauber. Heraus sprangen allerdings keine Guerilleros, sondern Soldaten der Antiterror-Einheit.

Ingrid und ihre 14 Mitstreiter hätten niemals für möglich gehalten, daß die Rebellen, die sie noch gestern wie nutzlose Tiere behandelt hatten, sie augenblicklich und widerstandslos freiließen. Es war kaum zu glauben, als alle im Schutz der Soldaten in den Hubschrauber stiegen.

Daß sich in diesen Minuten die »Operation Schach« ihrem Höhepunkt und vor allem ihren schwierigsten Minuten näherte, begriffen die Geiseln erst viel später, als sie schon in Sicherheit waren. Damals erfuhren sie von den Vermittlungsbemühungen, von denen sie in Geiselhaft nichts ahnten.

Ingrid Betancourt, eine bemerkenswert aufrechte Frau, die für ihre Gesinnung einsteht, wurde nach der Befreiung zum Ritter der Ehrenlegion geschlagen und erhielt zahlreiche weitere Ehrungen und Auszeichnungen. Die Gedanken an die schrecklichen Jahre in Gefangenschaft kann ihr und ihren Leidensgenossen sicher niemand nehmen.

Lady Diana, Princess of Wales.

DIANA FRANCES SPENCER

KÖNIGIN DER HERZEN
(1961–1997)

Am 1. Juli 1961 erblickte Lady Di – wie sie allgemein genannt wird – auf dem königlichen Gut Sandringham, Norfolk, das Licht der Welt. Sie wurde nur 36 Jahre. Das Schicksal der »Königin der Herzen« ist ein Mysterium.

Die wunderschöne und sanftmütige Diana, die erste Ehefrau des britischen Thronfolgers Charles, war von 1981 bis 1996 Kronprinzessin des Vereinigten Königreichs. Die Söhne William und Harry entstammen dieser Ehe.

Die nationalen und internationalen Medien rissen sich schon zu Lebzeiten um die schöne, warmherzige Prinzessin, weshalb sie zu den mitunter am meisten fotografierten Frauen der Welt zählte. Doch war Diana diesem Trubel um ihre Person gewachsen? Es gestaltete sich nicht immer leicht, die Medienpräsenz und ihren Status in der Öffentlichkeit mit ihrem Privatleben und der Ehe mit Prinz Charles unter einen Hut zu bekommen. Im Grunde war es absehbar, daß die Beziehung unter der Tatsache zu leiden hatte, daß Diana allseits so geliebt wurde. Tatsächlich scheiterte die Ehe im Jahr 1992. Nicht einfach gestaltete sich ihre gefeierte Präsenz auch innerhalb der gesamten britischen Monarchie. Nach der Scheidung durfte sich Diana nicht mehr »Königliche Hoheit« nennen, gehörte jedoch noch immer der königlichen Familie an.

Innerhalb der 80er Jahre berichteten die Medien vermehrt von Dianas Wohltätigkeitsprojekten. So unterstützte sie die britische AIDS-Hilfe und engagierte sich nach der Trennung von Charles für die Abschaffung von Landminen. Außerdem ist ihr immerwährender Einsatz für benachteiligte Menschen als lobenswert anerkannt worden.

Daß die Nacht zum 31. August 1997 zu ihrem Todestag werden sollte, hätte niemand zu denken gewagt. Die Menschheit hielt den Atem an, der Schock saß tief. Dianas und Dodi Al-Fayeds Wagen prallte mit überhöhter Geschwindigkeit gegen einen Pfeiler im Autotunnel unter der Pariser Place de l'Alma. Diana, die einstige Prinzessin von Wales, starb an den Folgen der inneren Verletzungen, die sie davongetragen hatte. Die Menschen weltweit zeigten Mitgefühl und Anteilnahme – mehr als die königliche Familie. Das offizielle Reglement wurde in ihrem Fall übergangen, und man organisierte eine öffentliche Beisetzungszeremonie. Lady Diana erhielt nach ihrem frühen Tod den Beinamen »Königin der Herzen«. Diesen hatte einst schon Elisabeth Stuart, die Frau Friedrich V., getragen.

Wie kam es, daß aus der kleinen Diana eine solch teilnahmsvolle Frau wurde?

Als Dianas Eltern, Edward John Spencer, 8. Earl Spencer, und Frances Roche heirateten, gestaltete sich dies zu einem gesellschaftlichen Großereignis des Jahres 1954. Der Stammbaum der Spencers reicht bis ins Jahr 1469 zurück; die Vorfahren waren begüterte Schafzüchter aus Warwickshire. Im Jahr 1700 wurde der Stammbaum der Familie mit dem der Churchills verknüpft. Ein Nachfahre ist der einstige britische Premierminister Winston Churchill, der von 1951 bis 1955 im Amt war.

Betrachten wir den Stammbaum weiterführend, so sind auch Karl II. von England (1630–1685) und Jakob II. von England (1633–1701) als Vorfahren des Spencer-Clans bekannt. Zudem ist belegt, daß Diana mit acht verschiedenen US-Präsidenten verwandtschaftlich verbandelt war. Der erste Präsident der Vereinigten Staaten, George Washington (1732–1799), und Franklin D. Roosevelt, der 32. US-amerikanische Präsident, (1882–1945) gehören beispielsweise dazu. Die Reihe der bekannten und royalen Persönlichkeiten innerhalb der Spencer-Geschichte geht sogar noch weiter. Dianas Vater diente König Georg VI. (1895–1952) und Königin Elisabeth II. (geboren 1926) als Kammerherr, wohingegen Dianas Großmütter Lady Cynthia Spencer und Lady Ruth Fermoy der Gemahlin König Georgs VI., Elizabeth Bowes-Lyon (1900–2002), als Hofdamen zur Seite standen.

Betrachten wir nun die Kindheit und Jugend Dianas. Die Geburt der Tochter wurde in der Familie neutral aufgenommen. Die Eltern erachteten es erst nach einer Woche für nötig, dem neuen Erdenbürger einen Namen zu geben. Zur Geburt der zukünftigen Prinzessin von Wales konnte man in der »Times« folgenden Vermerk lesen: »Viscountess Althorp brachte am Samstag eine Tochter zur Welt.« Die Taufe der kleinen Diana fand am 30. August 1961 statt. Die Eltern hatten fünf Paten ausgewählt, unter ihnen John Floyd, Vorsitzender von »Christie's« sowie Lady Mary Colman, die Nichte von Elizabeth Bowes-Lyon.

Dianas Vater wünschte sich sehnlichst einen Sohn, und so machten die Spencers nach Dianas Geburt schwierige Zeiten durch. Vater Spencer drängte seine Frau, sich einer Fruchtbarkeitsbehandlung zu unterziehen. Drei Jahre sollte es noch dauern, bis endlich der ersehnte Erbe Charles, der künftige 9. Earl Spencer, geboren wurde. Dianas Mutter verliebte sich im Jahr 1967 in den Tapetenmagnaten Peter Shand Kydd (1925–2006). Im Zuge der Trennung der Eltern wurde Diana und ihrem Bruder Charles das Recht zuerkannt, Norfolk als ständigen Wohnsitz zu beziehen. Diana sah ihre Mutter nicht wieder; sie verließ die Familie ohne die Kinder, welche sich nicht einmal von der Mutter verabschieden konnten. Diese Lüge der Mutter gegenüber ihren Kindern war für Diana – so Biographin Tina Brown – »die erste der großen, emotional entscheidenden Lügen, die Dianas Glauben an die reale Welt unterhöhlten«.

Ende 1968 reichte Dianas Mutter wegen häuslicher Gewalt die Scheidung ein. Tina Brown sieht in den ewig wiederkehrenden Zwistigkeiten der Eheleute den Kern und Ursprung von Dianas versteckten Kindheitsängsten. Noch als erwachsene Frau erinnert sich die mittlerweile gestandene Prinzessin an die Streitereien der Eltern, die sie als Mädchen einst arg ängstigten. Im Frühjahr 1969 erhielt Vater Spencer das einstweilige Scheidungsurteil. Schon kurz darauf heiratete Dianas Mutter Peter Shand Kydd. Dem Vater wurde schließlich das Sorgerecht für seine Kinder zugesprochen, nachdem Dianas Großmutter Ruth die Untreue ihrer Tochter bestätigt hatte. Diese ehrliche Aussage wirkte sich noch einmal negativ auf das Verhältnis zwischen Mutter und Tochter aus.

Ihre früheste Kindheit verbrachte Diana dort, wo sie geboren wurde: in Park House, wo man sie künftig von einer Gouvernante unterrichten und erziehen ließ. Großvater Albert Spencer, 7. Earl Spencer, starb am 9. Juni 1975. In der Folge wurde Dianas Vater John Spencer die Earls-Würde verliehen. Die Familie zog nach Althorp in Northhamptonshire und wohnte künftig auf Althorp House. Der Tod des Großvaters ließ aus Diana und ihren Schwestern Ladys werden. John Spencer lernte in dieser Zeit Raine Legge, die Frau des 9. Earl of Dartmouth, kennen. Die Kinder, so auch Diana, kannten es nicht anders; sie hatten den Vater rund um die Uhr für sich und lehnten demzufolge jede neue Frau im Leben des Vaters ab, die das enge Verhältnis hätte zunichtemachen können. Doch der Vater entschied sich für Raine und verhielt sich entgegen dem Willen seiner Kinder. Tina Brown nimmt diesbezüglich an, daß John Spencer klar war, daß die Kinder – und besonders Diana – gegen eine Hochzeit ins Feld ziehen würden. Er hatte Angst, seine neue Liebe zu verlieren, und so heirateten die beiden heimlich. Die Kinder erfuhren aus der Zeitung von der Hochzeit ihres Vaters. Diana konnte seine Vorgehensweise nicht gutheißen und zeigte sich anhaltend verletzt. Sie lehnte sich immerwährend gegen ihre neue Stiefmutter auf.

Als Neunjährige schickte der Vater Diana aufs Internat nach Riddlesworth Hall. Ihre Geschwister waren allesamt sehr leistungsstarke Schüler. Diana hingegen zeigte nur durchschnittliche Intelligenz. Es war ihr nicht wichtig, mit exzellenten Leistungen zu glänzen. Sportlich hingegen bewegte sich Diana auf der Höhe. Besonders bei Schwimm- und Tauchwettbewerben konnte sie sehr gute Leistungen zeigen und Pokale gewinnen. 1973 wechselte Diana auf das Internat West Heath in Sevenoaks, Kent. Ihre enorme emotionale Intelligenz wurde hier erstmals auffällig. Noch immer zeigte sie sich begeistert für sportliche Wettbewerbe und gewann diese regelmäßig. Eine gewisse Zeit war Diana im Ballett engagiert, konnte diesen Sport aber bald wegen ihrer Körpergröße nicht mehr ausüben. Der Stepptanz wurde zu ihrem neuen Favoriten. Ende 1977 verließ Diana das Internat. Im Jahr darauf wechselte sie auf ein Mädchenpensionat in der Schweiz. Hier hielt es die junge Frau allerdings nur drei Monate aus, bevor sie – ohne Abschluß – wieder zurück nach England ging.

In der Folge arbeitete Diana als Babysitterin und Aushilfe in einem Kindergarten. Anfang 1979 trat die künftige Prinzessin von Wales eine Stelle als Tanzlehrerin an und bezog mit Freundinnen eine Wohngemeinschaft. Ihre Arbeit als Erzieherin im Young-England-Kindergarten im Londoner Stadtteil Pimlico bereitete ihr Freude. Sie übte diese Tätigkeit aus, bis sie Charles heiratete, den sie im Herbst 1977 auf einer Jagdgesellschaft kennengelernt hatte.

Die Royals erachteten Diana von Beginn an als geeignete künftige Königin. Die junge Frau mit dem ganz eigenen Charme und der inneren und äußeren Schönheit weilte zur Hochzeit ihrer Schwester Jane Spencer mit Robert Fellowes, dem stellvertretenden Privatsekretär von Königin Elisabeth II., am Hofe und fiel in ihrem Verhalten besonders positiv auf.

Als Prinz Charles im November 1978 seinen 30. Geburtstag feierte, konnte Diana wieder Punkte bei ihrer zukünftigen Familie sammeln. Die Spencers waren dank ihres Stammbaums sowieso bestens geeignet, in die royale Familie einzuheiraten. Die zukünftige Princess of Wales mußte protestantisch erzogen worden und zudem nachweislich Jungfrau sein. Diana galt also als ideale Partie für Charles. Beide Familien waren daran interessiert, die jungen Leute zu verkuppeln. Diana-Biographin Tina Brown erläutert: »Eine der unerforschten Ironien in Dianas Geschichte ist es, daß der Hof, je mehr Prinz Charles sich in Camilla Shand verliebte, desto dringlicher eine Frau präsentieren

Prinz Charles und Lady Diana Spencer

Das königliche Hochzeitspaar.
Abgebildet auf einer Postkarte und Briefmarke.

mußte, die sie ersetzen konnte«. Charles und Camilla Parker Bowles kannten sich seit 1971. Bald war auch klar, daß Charles sich in Camilla verliebt hatte. Diese heiratete allerdings 1973 Major Andrew Parker Bowles.

Der Juli 1980 sollte eine Veränderung im Leben von Diana und Charles bedeuten. Der Thronfolger lud Diana zu einem Polospiel nach Sussex ein. Weitere Einladungen folgten, und im September gleichen Jahres betitelte die Zeitschrift »The Sun« Diana erstmals »Lady Di«. Ab diesem Zeitpunkt gab es kein Halten mehr. Dennoch konnten sich die Menschen nicht vorstellen, daß aus dieser Beziehung ein beständiges Verhältnis werden könne. Mitte September veröffentlichte der »Evening Standard« ein Foto der künftigen Thronfolgerin, welches allseits einen bleibenden Eindruck hinterließ. Es zeigte Diana, wie sie im Young-England-Kindergarten ein Kind auf dem Arm trug. Die Sonne lugte just in diesem Moment hinter einer grauen Wolke hervor und unterstrich ihr fürsorgliches Wesen. Diana-Biographin Tina Brown erklärte, dies sei einer »dieser magischen Momente, die Bilder zu Ikonen machen«. Die Ikone Lady Di war also geboren. Allerdings mochte es Diana nicht, daß man solch ein Aufheben um sie als Person machte.

Am 6. Februar des Folgejahres hielt Charles auf Windsor Castle um Dianas Hand an. Diana erinnerte sich: »Es war, als hätte er mich zur Pflicht gerufen – daß ich hinausgehen und mit dem Volk arbeiten solle.« Charles, Dianas Bruder, soll seine Schwester zu diesem Zeitpunkt als sehr glücklich und in seelischem Gleichgewicht empfunden haben. Lediglich Frances Shand Kydd äußerte Bedenken ob der überstürzten Bindung. Sie fand die Beziehung zwischen Diana und Charles so falsch, daß sie alles in ihrer Macht Stehende versucht haben soll, um die beiden wieder auseinanderzubringen.

Am 24. Februar 1981 wurde der Öffentlichkeit die Verlobung der beiden bekanntgegeben. Auf die Frage, ob er verliebt sei, antwortete Prinz Charles: »Was auch immer ›verliebt sein‹ bedeutet. Die Interpretation überlasse ich Ihnen.« Es war gewiß eine ehrliche Antwort, dennoch, sie wurde fast gänzlich verschwiegen. »Offenbar wollte niemand den Zauber stören«, vermutet Tina Brown. In der ersten Zeit, die sie zweisam und in der Öffentlichkeit verlebten, erging es der jungen Ehefrau nicht wirklich gut. Sie erkrankte an Bulimie, nahm innerhalb von fünf Monaten mehr als sechs Kilogramm ab. Diana erholte sich bis zu ihrem Tod nie wieder von dieser Krankheit; sie war schleichend chronisch immer ein Teil von ihr.

Da die Schöne selbst sensibel und verletzlich war, konnte sie sich perfekt auf Menschen einstellen und gab ihnen Hoffnung. Als sie älter wurde, gewann Diana an Selbstvertrauen und blühte auf. Sie hatte einen fantastischen Sinn für Humor. Harry Herbert, ein langjähriger Freund Dianas, erinnerte sich an ihr erstes Zusammentreffen: »Am Horizont tauchte eine schöne Erscheinung auf, die fröhlich war und voller Energie.« Sie machte enormen Eindruck auf ihn. Diana-Freundin Lady Carolyn Warren sagte über die Verstorbene: »Sie hatte einen unglaublichen Humor, war so fürsorglich. Sie konnte einen ganzen Raum für sich gewinnen.«

Die spektakuläre Hochzeit wurde am 29. Juli 1981 in der Londoner St. Paul's Cathedral begangen. 3.500 Menschen waren zugegen, und vor den Fernsehbildschirmen verfolgten mehr als 750 Millionen Menschen das Ereignis. Zwei Millionen Schaulustige tummelten sich entlang der Straßen Londons, um Diana und Charles zu sehen, und sage und schreibe 4.000 Polizisten waren im Einsatz. Die Presse betitelte das Ereignis »Die Hochzeit des Jahres«. Einen kleinen Fauxpas erlaubte sich Diana, als sie die Vornamen ihres künftigen Mannes nicht in der korrekten Reihenfolge nannte, so daß Charles sich erlaubte, zu erwidern: »Sie hat soeben meinen Vater geheiratet!« Kein Geringerer als der britische Modemogul David Emanuel hatte Dianas Brautkleid entworfen. Sie selbst empfand diesen Tag nicht als so glücklich, wie sie äußerlich wirkte. Aus »Diana Frances Spencer« wurde durch die Heirat »Ihre Königliche Hoheit Prinzessin Charles Philip Arthur George, Fürstin von Wales, Herzogin von Cornwall und Rothesay usw.« Eigentlich ist die deutsche Betitelung »Prinzessin Diana« nicht korrekt: »Princess« steht für »Fürstin«, denn als britische »Prinzessin« kann nur die bezeichnet werden, die als Prinzessin geboren wurde. In jedem Fall brachte Diana frischen Wind in die Königsfamilie. Bereits drei Monate nach der Hochzeit wurde sie zum arbeitenden Mitglied der Royals. Man bezeichnete sie zu dieser Zeit als jung, frisch, lebendig und unkompliziert. Sie bewies, daß ihr die Fähigkeit, auf Menschen zuzugehen, zu eigen war, und zeigte immer wieder spontane Wärme und ausgesprochenes Kommunikationstalent.

Seither wurde Diana rund um die Uhr von Reportern verfolgt. Sie hatte praktisch kein Privatleben mehr und avancierte zum globalen Superstar. Im Juni des darauffolgenden Jahres wurde William, Dianas und Charles' erster Sohn, geboren. Während der Schwangerschaft und selbst nach der Geburt fehlte Diana Zeit für sich allein und ihr Baby, sie fühlte sich ständig beobachtet und litt bald an postnataler Depression. Erschwerend kam hinzu, daß

Charles den Medienwirbel um seine Frau schwerlich akzeptieren konnte. Ihm mißfiel das Interesse, das stetig seiner Frau, allerdings nie dem Paar oder ihm als Thronfolger galt.

Als am 14. September 1982 Fürstin Gracia Patricia von Monaco an den Folgen eines Autounfalls starb, hielt die Welt den Atem an, und Diana war es ein Bedürfnis, an der Beisetzung teilzunehmen. Sie war das einzig anwesende Mitglied der britischen Königsfamilie und wurde auch während dieses traurigen Anlasses von der Presse verfolgt. Für ihr Auftreten bewunderten sie die Menschen weltweit. Diana war, so Tina Brown, »jegliche Überheblichkeit fremd«. Dianas Mutter äußerte sich: »Sie war nicht allzu selbstbewußt, aber ihr war klar, daß sie eine besondere Gabe hatte, auf Menschen zuzugehen, und sie nutzte diese Gabe reichlich.«

Etwas mehr als zwei Jahre nach William wurde Prinz Harry geboren. In der Ehe des Elternpaares kriselte es heftig. Dies war aber nur innerhalb der Palastmauern bekannt; in die Öffentlichkeit war davon noch nichts gedrungen. Diana versuchte, ihren Söhnen eine möglichst normale Kindheit zu bieten mit heimlichen Kinobesuchen und Burgeressen. Sie lachte mit ihnen und ließ sie spüren, daß es im Leben außerhalb der Palastmauern mehr zu entdecken gibt. Weltweite Berühmtheit soll Diana ab dem Zeitpunkt zuteil geworden sein, als die Schöne mit John Travolta im East Room des Weißen Hauses zum Titel »Saturday Night Fever« tanzte.

Viel Gutes wurde über Lady Diana geschrieben, aber zuweilen tauchten Medienberichte auf, die angebliche Verfehlungen Dianas offenlegten. Noch heute ist beispielsweise ungeklärt, ob Diana tatsächlich ein Verhältnis zu ihrem

The Marriage of
The Prince of Wales
and
Lady Diana Spencer

29 July 1981

Die königliche Hochzeit auf einer Postkarte.

Leibwächter Barry Mannakee hatte. Diana-Biographin Brown geht heute davon aus, daß die Gerüchte der Wahrheit entsprachen. Dennoch gibt es auch gegenteilige Meinungen und Aussagen. Barry Mannakee wurde bald aus den königlichen Diensten entlassen und starb im Frühjahr 1987 bei einem Motorradunfall, der in den Augen Dianas Mord war.

Die Hochzeit von Prinz Andrew und der entfernten Cousine Dianas, der bürgerlichen Sarah Ferguson, nahm Lady Di begeistert auf, da sie in Sarah eine Gleichgesinnte sah. Aus der anfänglichen Freundschaft wurde jedoch bittere Konkurrenz.

Für die Ehe von Charles und Diana stellte Camilla Parker Bowles eine unüberwindbare Hürde dar. Hatten Charles und Camilla zu Lebzeiten Dianas ein Verhältnis? Man geht davon aus, und ganz sicher ist auch, daß Diana davon wußte bzw. es zumindest vermutete. Als Reaktion auf die Untreue ihres Mannes ergab sich Diana wieder stärker ihrer Bulimie, ja sie soll sich sogar empfindlich geritzt haben. Die Ehe der beiden einst einander zugetanen Menschen zerbrach, sei es wegen der Medien, die auf öffentlichkeitswirksame Berichte drängten, wegen der unzähligen royalen Verpflichtungen, Dianas sozialen Engagements oder wegen der außerehelichen Beziehungen der beiden.

Dianas 30. Geburtstag brachte das Faß zum Überlaufen. Sie ließ verlauten, daß sie ihren Geburtstag allein verbringen wolle. Am selben Tag erfuhr Diana, daß sie laut zweier Meinungsumfragen zum beliebtesten Mitglied der Königsfamilie gewählt worden war. Diana erkannte darin kein positives Omen, sondern machte sich und den Medienrummel um ihre Person dafür verantwortlich, daß sie und Charles stetig auseinanderdrifteten.

Mitte des Jahres 1991 beschloß sie, ihre Meinung zur Ehe mit Prinz Charles in einem Buch kundzutun. Allerdings sollte diese Darstellung wie die eines Dritten ausschauen. Mit der Veröffentlichung des Buches würde sie sich – das war der schönen Lady klar – keine Freunde innerhalb der königlichen Familie machen. Andrew Morton – seines Zeichens Journalist – sollte der Co-Autor werden, so hatte Diana geplant, und traf sich 1986 zum ersten Mal mit ihm. Kurz vor Veröffentlichung des Buches starb Dianas Vater an einem Herzinfarkt. Am 7. Juni 1992 erschien in der »Sunday Times« der erste Auszug aus Andrew Mortons Buch »Diana – Ihre wahre Geschichte«. Den Lesern war sofort klar, daß nicht ein Dritter dieses Buch geschrieben hatte, sondern Diana höchstpersönlich aus ihrem Leben plaudert. Sie spricht über ihre Selbstmordversuche, legt ihre komplette Gefühlswelt offen und spart auch nicht ihre Bulimie aus.

Diana als Repräsentantin Großbritanniens hatte es aus eigenem Antrieb geschafft, von sich reden zu machen. Nun sahen die Menschen nicht nur die Ikone, sondern auch die Frau mit Fehlern und Schwächen. Das Buch wurde in 23 Sprachen übersetzt. Es verkaufte sich in 83 Ländern über fünfmillionenmal. Morton verdiente mit dieser Publikation rund zehn Millionen Mark. Nach dem Tod der schönen und berühmten Diana brachte er eine aktualisierte Auflage mit dem Titel »Diana – Ihre wahre Geschichte – In ihren eigenen Worten« heraus und erklärte 1997: »In der Vergangenheit habe ich Dianas Mitwirken an dem Buch stets geleugnet, um sie zu schützen. Nun braucht sie keinen Schutz mehr.«

Die Geständnisse, die Diana in ihrem Buch offenbarte, veranlaßten ihre Gegenspieler dazu, gegen sie zu taktieren.

Es entstand ein wahrer Skandal um diese Publikation, und es wurde heißblütig diskutiert.

Anfang Juni des Jahres 1992 trafen sich Charles und Diana im Kensington Palast und besprachen ihre Trennung. Königin Elisabeth II. befürwortete diese keinesfalls. Sie bezeichnete das Jahr 1992 in einer Rede als ein »schreckliches Jahr«.

Ende des Jahres verkündete Premierminister John Major offiziell die Trennung von Diana und Charles. Er ließ verlauten, daß die Eheleute nicht die Absicht hätten, sich scheiden zu lassen. Statt dessen würden sie weiterhin in komplettem Ausmaß die Erziehung der beiden Söhne handhaben. Der Medienhype erreichte nach der Trennung des royalen Paares seinen Höhepunkt. William erinnert sich und sagt, daß das Gewerbe des Journalismus seinen Anstand verloren hätte und den Blick dafür, was sich gehöre und was nicht.

Seitdem Diana von Charles offiziell getrennt war, zeigte sie sich bestrebt, ihre Beliebtheit für ihr soziales Engagement zu nutzen. Die Menschen fühlten sich Diana emotional verbunden, nicht nur, weil sie sich offenbart hatte. Im Jahr nach der Trennung hielt sie eine Rede zum Thema Eßstörungen und bezog darin ihre persönlichen Erfahrungen ein. Dem vielfach verschwiegenen Thema der postnatalen Depression konnte Diana aufgrund ihrer Erfahrungen zu Beachtung verhelfen. Charles hatte seinerseits geglaubt, daß sich Diana nach der Trennung zurückziehen würde. Das Gegenteil war der Fall. Vermehrt trat sie in der Öffentlichkeit für ihre Projekte ein und konnte enormes Ansehen erlangen. Dennoch erinnert sich Harry Herbert: »Ein Licht war erloschen. Es war eine schwere Zeit für Diana.«

Die Garde vor dem Buckingham-Palast.

Königin Elisabeth auf dem Balkon, Buckingham-Palast.

Drei Jahre nach der Trennung verliebte sich die schöne Diana in den pakistanischen Herzchirurgen Hasnat Khan. Sie wollte ihn sogar heiraten. Außerdem wurde ihr eine Affäre mit dem Rugbystar Will Carling nachgesagt. Das Bild der aufrechten Frau erhielt einen Knacks. Diana war klar, daß sie diesem aufkeimenden negativen Image entgegenwirken mußte. Sodann erklärte sie: »Ich verstehe, daß Veränderungen bei den Menschen Angst auslösen, besonders wenn man nicht weiß, wohin das führt. Es erscheint dann immer am besten, man läßt die Dinge, wie sie sind. Ich verstehe das. Aber ich glaube ganz sicher, daß es ein paar Dinge gibt, die man verändern könnte. Dadurch könnten die Zweifel der Öffentlichkeit an der Monarchie beseitigt, die manchmal etwas komplizierte Beziehung entkrampft werden. Ich glaube, beide Seiten könnten Hand in Hand marschieren, statt sich distanziert gegenüberzustehen.« Außerdem äußerte sie: »Ich wäre ganz gerne die Königin der Herzen, eine Königin in den Herzen der Menschen, allerdings sehe ich mich nicht als Königin dieses Landes.« Mit diesen und ähnlichen Ansichten erweckte sie – so war es geplant – Mitgefühl bei den Menschen, die zu ihr aufsahen.

Elisabeth II. stimmte letztlich der Scheidung von Charles und Diana zu. Anlaß dazu gab eine schwere Anschuldigung Dianas. Sie sagte Charles' persönlicher Assistentin nach, ein Kind von ihm abgetrieben zu haben. Eine Scheidung wurde schließlich als beste Lösung für die prekäre Lage gesehen. Für Diana war es nicht leicht, diese Zeit zu verkraften. Sie war gesundheitlich angeschlagen, und ihr Anwalt Anthony Julius riet ihr, erst einmal nicht in die Scheidung einzuwilligen, um schlußendlich ihren Status wahren zu können. Dianas Büro verblieb im St. James Palast und ihr Zuhause konnte sie im Kensington Palast behalten. Außerdem wurde geklärt, daß sie ihre beiden Söhne weiterhin so wie bisher erziehen konnte. Zudem durfte sich Diana weiterhin »Fürstin von Wales« nennen und mit »Hoheit« angesprochen werden. Würde Diana allerdings wieder heiraten, wäre der Titel für sie verloren. Auch finanziell war die sozial Engagierte weiterhin unabhängig. Es wurde eine jährliche Summe von 400.000 Pfund vereinbart, die Diana für ihr Büro erhalten sollte. Am 28. August 1996 wurden Diana und Charles rechtskräftig geschieden.

Vordringlich stürzte sich Diana nach diesem einschneidenden Erlebnis der Scheidung in das Ehrenamt: Sie besuchte Krebspatienten im Royal Marsden Hospital, unterstützte die Lepramission sowie die Nationale Aidsstiftung. Anerkennend erhielt sie dafür den russischen »International Leonardo Prize«. Die Unmoral innerhalb der Gesellschaft, besonders die Obdachlosigkeit, verurteilte Diana zudem aufs Äußerste. Sohn Harry äußerte sich bezüglich der gemeinnützigen Einstellung seiner Mutter folgendermaßen: »Ihr soziales Engagement ließ ihr keine Zeit für Atempausen.« In der internationalen Organisation machte sie sich für ein Verbot des Einsatzes von Landminen stark und setzte sich für die Opfer ein. Diana lief vor Schmerz und Leid nicht davon. Mike Whitlam, der damalige Generaldirektor des Britischen Roten Kreuzes, weckte Dianas Interesse an dieser Thematik. 36jährig besuchte Diana in der Provinz Huambo ein Krankenhaus, in welchem die Menschen unter schrecklichen Zuständen hausten. Lady Di betrat unbeirrbar die Minenfelder, und ihr diesbezüglicher Nachdruck blieb nicht ungehört. Mehr als einhundert Regierungen unterschrieben im Dezember 1997 in der kanadischen Hauptstadt einen Vertrag, der den Einsatz von Landminen gegen Menschen verbot. Für ihr unumwundenes Engagement wurde Diana mit dem Friedensnobelpreis ausgezeichnet.

Nicht nur Dianas Beziehung zu Charles besserte sich bald, auch ihr Privatleben lief wieder in stabilen Bahnen. William brachte seinerzeit die Mutter auf die Idee, ihre Ballkleider für einen guten Zweck zu versteigern. Die Königin der Herzen sah darin eine symbolische Geste für den Beginn einer neuen Ära und begann schließlich, ihre Roben zu sortieren. Unter den Hammer kam auch das dunkelblaue Kleid, welches sie beim legendären Tanz mit John Travolta getragen hatte. Stattliche 222.500 US-Dollar wurden damit erzielt. Dianas Modeberaterin Anna Harvey äußert sich zur Prinzess of Wales als einer attraktiven Frau, die es selbst liebte, gut auszusehen, und bemerkt, daß Diana ein Gefühl von Freiheit verspürte, als sie kein Mitglied der Königsfamilie mehr war. William seinerseits bezeichnet seine Mutter als eine Frau, die Mode liebte, aber keine Sklavin ihrer Kleidung war. Wichtig war, was sie tat, und nicht, welches Kleid sie trug.

Am 30. August 1997, gegen 21.35 Uhr brachen die beiden Verliebten Diana und Dodi Al-Fayed von Dodis Pariser Wohnung in Richtung Chez Benoît auf. Ihr Ziel war ein Restaurant in der Nähe des Centre Pompidou. Dodi nervten die allseits anwesenden Paparazzi. An diesem Abend störten sie ihn und Diana besonders, so daß Dianas Freund seinen Chauffeur nach zehnminütiger Fahrt bat, zum Pariser Hotel Ritz zurückzufahren. Diana und Dodi hatten sich anders entschieden und wollten nun im Hotel zu Abend speisen. Etwa 20 Minuten nach dem eigentlichen Fahrtantritt betraten die beiden das Hotel. François Tendil, Sicherheitsbeauftragter des Hotels, zeigte sich aufgrund der immensen Anzahl der anwesenden Fotografen alarmiert, so daß er Henri Paul, den Leiter der Abteilung Sicherheit, in Kenntnis setzte. Während Dodi und Diana zu Abend aßen, sicherten zwei Leibwächter in der Bar Vendôme des Hotels die Lage. Henri Paul setzte sich zu den beiden Uniformierten und trank zwei Gläser Anisschnaps der Marke Pastis Ricard. Sechs Minuten nach Mitternacht verließen Diana und Dodi die Präsidentensuite des Hotels. Etwa eine Viertelstunde darauf fuhren die beiden – von Henri Paul chauffiert – gemeinsam mit dem Leibwächter Trevor Rees-Jones in Richtung der Wohnung in der Rue Arsène Houssaye. Um 00.25 Uhr Pariser Zeit verunglückte der Mercedes S 280 in der Alma-Unterführung nahe der gleichnamigen Brücke. Der Wagen prallte mit hoher Geschwindigkeit gegen einen Tunnelpfeiler. Dodi Al-Fayed und Henri Paul, der unter Alkoholeinfluß den Mercedes lenkte, starben noch am Unfallort.

Die ersten Paparazzi konnten keine Auskunft zur Unfallursache geben, da sie erst nach dem Unglück eintrafen. Erste Vermutungen wiesen auf ein Foto, genauer gesagt das Auslösen des Blitzlichts hin, das geblendet und abgelenkt haben könnte. Mittlerweile ist nachgewiesen, daß das Foto bereits bei Abfahrt vor dem Hotel aufgenommen wurde. Im Zuge der Ermittlungen stellte sich heraus, daß der Fahrer Henri Paul vor Antritt der Fahrt nicht nur Alkohol genossen, sondern auch ein Antidepressivum sowie ein Mittel zur Behandlung von Alkoholismus zu sich genommen hatte. Die Untersuchungen wiesen bei Paul mehr als das Dreifache an Alkohol im Blut nach, als der gesetzlich erlaubte Promillewert angibt.

Gerichtsverfahren schlossen sich an; schlußendlich wurde das Unglück als Unfall eingestuft. Die Insassen waren allesamt nicht angeschnallt. Trevor Rees-Jones überlebte das Unglück mit schwersten Gesichtsverletzungen. Diana starb nur wenige Stunden nach der Katastrophe an den Folgen der inneren Verletzungen. Man verbrachte sie noch in das Krankenhaus Pitié-Salpêtrière, allerdings konnte ihr nicht mehr geholfen werden, so daß die Königin der Herzen morgens gegen vier Uhr offiziell für tot erklärt wurde.

Kurz nach Dianas Tod berichtete die Presse darüber, daß man ihren Leichnam einbalsamiert hatte. Der Bestatter Jean Monceau tat dies ohne die erforderlichen Genehmigungen seitens des französischen Rechts. In einer öffentlichen Leichenhalle wollte man Diana nicht aufbewahren. Gerüchten zufolge soll eine Einbalsamierung angeordnet worden sein, um der Öffentlichkeit eine Schwangerschaft zu verschweigen.

Dianas Popularität zu Lebzeiten fand mit ihrem Tod kein Ende. Mehr als 20 Jahre nach dem schrecklichen Geschehen wird nach den tatsächlichen Ursachen des Unglücks geforscht. Noch immer verbreiten sich Spekulationen und sogar Verschwörungstheorien. Die Presse trägt hinreichend dazu bei, daß der Fall Diana nicht an Brisanz verliert und wiederkehrend aufgerollt wird. So berichtet beispielsweise der ehemalige Offizier des britischen Auslandsgeheimdienstes Richard Tomlinson gegenüber dem französischen Untersuchungsrichter Hervé Stephan am 30. August 1998, daß Henri Paul von einer sogenannten »Lichtkanone« geblendet wurde. Bekräftigung fand diese Aussage durch Augenzeugenberichte, die in dem britischen Dokumentarfilm »Diana: The Secrets Behind the Crash« thematisiert wurden. Tomlinson stützte die Attentat-Theorie, indem er angab, ein Dokument eingesehen zu haben, welches vom ehemaligen jugoslawischen Präsidenten Slobodan

Milošević unterzeichnet gewesen war. Darin habe gestanden, daß man einen Tunnel als Ort des Anschlags wählt, weil dies dem Gelingen des Plans zuträglich sei. Für den Geheimdienstoffizier waren diese Zeilen Verdachtsgrund genug, den MI6 für das Attentat verantwortlich zu machen.

Anfang 2004 begannen die britischen Behörden unter dem Titel »Operation Paget«, den Fall Diana und Dodi erneut aufzurollen. Man zweifelte an der Richtigkeit der Ermittlungsergebnisse der französischen Behörden. Außerdem kamen Gerüchte auf, daß staatlicherseits ein Mord geplant worden war. Komplett wird man wohl, nach so vielen Jahren, das Unglück nicht mehr nachvollziehen und rekonstruieren können. Die französischen Behörden sagen aus, daß nicht mehr alle Wrackteile des Unfallwagens verfügbar sind und zu allem Unglück angeblich ein Feuer im Lager des Justizministeriums noch vorhandene Teile zerstört habe.

Ein Vierteljahr nach dem Tod der Königin der Herzen veröffentlichte Andrew Morton gemeinsam mit Michael O'Mara »Diana – Ihre wahre Geschichte in ihren eigenen Worten.« Die Autobiographie beinhaltet die komplette Kopie der aufgenommenen Interviews, die der Diana-Vertraute Dr. James Colthurst in den Jahren 1991/92 mit der damaligen Princess of Wales geführt hatte. Darauf stützte sich 2002 der deutsche Produzent Christian Seidel und produzierte den Kinofilm »Diana – Meine Geschichte und wie die Wahrheit ans Licht kam«. Seidel engagierte zahlreiche namhafte Schauspieler für den Streifen, allerdings lehnte er es ab, die Rolle der Diana mit einer Schauspielerin zu besetzen. Es sei »billig und beleidigend gegenüber dem Leben der Prinzessin, die Rolle der berühmtesten und beliebtesten Frau der Welt von jemandem spielen zu lassen, der anders aussieht und anders ist«. Vielmehr erwarb er auf der ganzen Welt dokumentarisches Filmmaterial. In die Kinos kam der Film schließlich nicht, aber er wurde international im Fernsehen ausgestrahlt, ausgenommen England.

Im Sommer 2004 weihte Königin Elisabeth II. im Londoner Hyde Park zu Ehren der Königin der Herzen einen Gedächtnisbrunnen ein, der von der US-amerikanischen Landschaftsarchitektin Kathryn Gustafson entworfen wurde. Dianas bewegtes Leben soll mit Hilfe des ovalen granitenen Steinrings dargestellt werden, in dem das Wasser mit ungleicher Geschwindigkeit in zwei Richtungen fließt.

Drei Jahre danach, am 1. Juli 2007, veranstalteten Dianas Söhne ein emotionales Gedenkkonzert im Londoner Wembley-Stadtion, das etwa 60.000 Besucher anlockte. Diana hätte an jenem Tag ihren 46. Geburtstag gefeiert. Große Künstler wie Elton John, Take That, Natasha Bedingfield oder Nelly Furtado traten zu Ehren Dianas auf. Im gleichen Jahr, auf den Tag genau zehn Jahre nach dem Unglück, fand ein Gedenkgottesdienst in London statt, den ebenfalls William und Harry organisierten. Die Menschen bezeichneten Diana als eine Ausnahmepersönlichkeit, die einen Raum zum Leuchten brachte, wenn sie ihn betrat, und die Wahrnehmung der Welt veränderte.

Eine Untersuchungskommission wertete im Jahr 2008 das Unglück von Diana und Dodi Al-Fayed als »ungesetzliche Tötung«. Außerdem stellte man eine grobe Pflichtverletzung seitens Henri Paul fest. Die involvierten internationalen Paparazzi mußten vom Urteil ausgeschlossen werden, da eine Verurteilung von Ausländern für ein im Ausland begangenes Delikt laut britischem Recht nicht möglich ist. Des weiteren entspräche es nicht der Tatsache, daß eine Schwangerschaft verdeckt werden sollte.

Das erste Diana-Denkmal im deutschsprachigen Raum ist in Wien zu betrachten und wurde vom österreichischen Journalisten Ewald Wurzinger 2013 als eine Gedenkstätte errichtet. Anläßlich ihres 20. Todestages wurde am Londoner Kensington Palast eine parkähnliche Gartenanlage zu Ehren Dianas angelegt.

Diana, eine starke Persönlichkeit der jüngsten Vergangenheit, war laut Aussagen ihrer beiden Söhne »ein totaler Kindskopf mit frechem Humor. Sie mochte Spaß und Unfug und strahlte Liebe aus.« Ihr Tod prägte das Leben von William und Harry, die davon sprechen, daß ihre Mutter sie bestens auf das Leben vorbereitet und ihnen die richtigen Werkzeuge an die Hand gegeben hätte. Dianas Söhne stöbern 20 Jahre nach ihrem Tod in den zahlreichen Familienfotos und erinnern sich daran, daß die Mutter sie mit Liebe überhäufte, ihre innigen Umarmungen noch immer spürbar sind und sie in ihren Söhnen weiterlebt. Sie bezeichnen die Mutter außerdem als warme, sprudelnde Persönlichkeit, die ihre kindliche Seite mit den beiden Söhnen auslebte. Harry soll sie einst geraten haben: »Bau so viel Mist, wie du willst, laß dich nur nicht erwischen!« William kannte seine Mutter als eine liebevoll Unangepaßte. Die letzte Erinnerung der beiden Söhne an die Mutter führt zurück an den Unglückstag, als sie einen unerwarteten Anruf erhielten. Sie bedauern die Kürze des Telefonats und können der Flut von Gefühlen nicht entrinnen, die sie damals überwältigte, als sie vom Tod der Mutter erfuhren. Die Wanderung durch das Blumenmeer geht ihnen nicht mehr aus dem Kopf. William, damals 15jährig, und Harry, 12 Jahre alt, konnten nicht sofort das Ausmaß der Tragödie begreifen. William sagt heute, daß er mit allen Menschen fühlt, die einen Nahestehenden verloren haben. »Es ist ein trauriger Verein, in dem man nicht Mitglied sein möchte«, äußert er sich 20 Jahre nach dem Tod seiner Mutter und setzt nach, daß er die Liebe seiner Mutter noch immer spürt und das Gefühl, geliebt zu werden, zu den kostbarsten Erinnerungen an seine Mutter zählt.

»Sie war ein Energiebündel, welches die Fähigkeit besaß, den Menschen das Gefühl zu vermitteln, am Ende würde alles gut werden«, erinnert sich Elton John, der zur Trauerzeremonie am 6. September 1997 den eigens für den Anlaß komponierten Titel »Candle in the Wind« als Würdigung seiner Freundin Diana in der Westminster Abbey zu Gehör brachte.

LITERATURAUSWAHL

Ackerl, Isabella: Mutige Frauen, Wiesbaden 2015.

Altmeyer, Klaus: Die Papstmacherin. Starke Frauen des frühen Mittelalters, Wiesbaden 2017.

Angermayer, Erwin: Große Frauen der Weltgeschichte. Tausend Biographien in Wort und Bild, Klagenfurt 1987.

Bailleu, Paul: Luise, Allgemeine Deutsche Biographie (ADB). Band 19, Leipzig 1884.

Beck, Barbara: Die berühmten Frauen der Weltgeschichte vom 18. Jahrhundert bis heute, Wiesbaden 2016.

Beck, Barbara: Die großen Herrscherinnen und Regentinnen vom Frühmittelalter bis in die Gegenwart, Wiesbaden 2013.

Betancourt, Ingrid: Kein Schweigen, das nicht endet. Sechs Jahre in der Gewalt der Guerilla, München 2010.

Brambach, Joachim: Die Borgia. Faszination einer machtbesessenen Renaissancefamilie, München 1988.

Böttger, Fritz: Bettina von Arnim. Ihr Leben, ihre Begegnungen, ihre Zeit, Frankfurt am Main 2015.

Gebhardt, Heinz: Die Lola-Montez-Story, Grünwald 2017.

Gerste, D. Ronald: Amelia Earhart. Der Traum von grenzenloser Freiheit, Regensburg 2010.

Hamann, Brigitte: Elisabeth. Kaiserin wider Willen, München 2012.

Hoffmann, Gabriele: Constantia von Cosel, Bergisch Gladbach 1988.

Humphreys C. C.: Die Hand der Anne Boleyn, München 2005.

Kunze, Hagen: Spioninnen. Mata Hari und andere Frauen in geheimer Mission, Leipzig 2017.

Maucher, Ute/Pfeiffer, Gabi: Codewort: Seidenstrumpf. Die größten Spioninnen des 19. und 20. Jahrhunderts, Cadolzburg 2010.

Meingast, Fritz: Glanz und Elend der Frauen. Dreiunddreißig Porträts der Weltgeschichte, Prien am Chiemsee 1988.

Rauh, Reinhold: Lola Montez, die königliche Mätresse, München 1992.

Schad, Martha: Die berühmten Frauen der Weltgeschichte von der Antike bis zum 17. Jahrhundert, Wiesbaden 2014.

Schmidt, Klaus: Mathilde Franziska und Fritz Anneke: Eine Biographie. Aus der Pionierzeit von Demokratie und Frauenbewegung, Köln 1999.

Thiele, Johannes: Elisabeth Kaiserin von Österreich, Königin von Ungarn – Ihr Leben. Ihre Seele. Ihre Welt, Wien 2012.

220

ZUR AUTORIN

Heidi Zengerling arbeitet im eigenen Schreibbüro und ist als Mitarbeiterin verschiedener regionaler Zeitungen sowie als Versicherungsvertreterin und ehrenamtlich in der örtlichen Bibliothek tätig. Der gelernten Sekretärin war das geschriebene Wort schon immer wichtig. Der Krimi »Die Rembrandt Radierungen« ist ihre erste Veröffentlichung. Außerdem hat sie eine Geschichte zur Arnstädter Anthologie »Nur ein Augenblick« sowie einen Krimi zur »Eichsfeld Anthologie« beigetragen. Darüber hinaus war sie beteiligt an den Publikationen »Leckeres Eichsfeld«, »Ein Strauß voller Poesie« und »Gönn' dir eine Pause« sowie dem Kinderbuch »Forest Fear«. Mit einem Kalender und einem Bildband hat sie sich den Traum erfüllt, als Photographin tätig zu sein. Die Autorin hat eine erwachsene Tochter und lebt mit Mann und Kater Garfield in der Gemeinde Heyerode in Thüringen, unweit von Deutschlands Mittelpunkt.

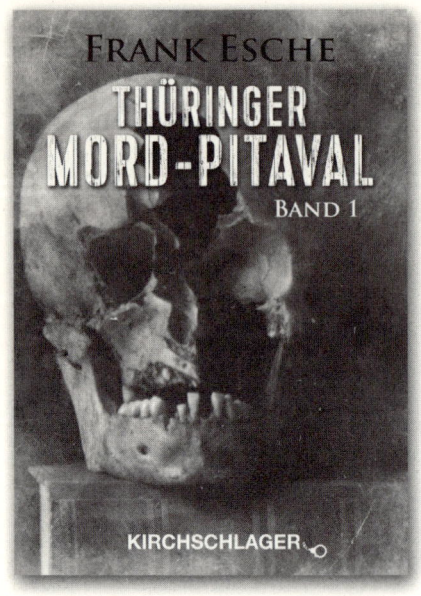

Frank Esche
»Thüringer Mord-Pitaval«
Band I

Taschenbuch, 280 Seiten,
zahlreiche s/w Abbildungen,
ISBN 978-3-934277-65-6,
Preis: 12,95 Euro

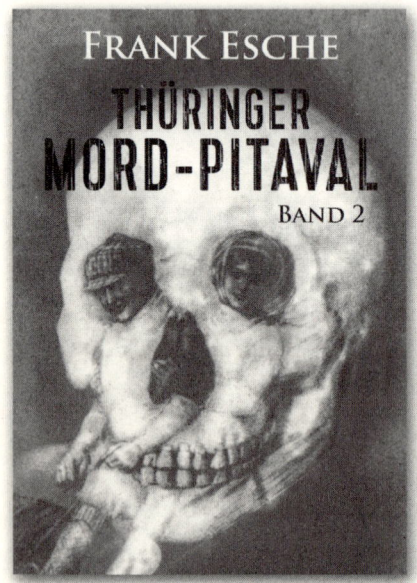

Frank Esche
»Thüringer Mord-Pitaval«
Band II

Taschenbuch, 280 Seiten,
zahlreiche s/w Abbildungen,
ISBN 978-3-934277-69-4,
Preis: 12,95 Euro

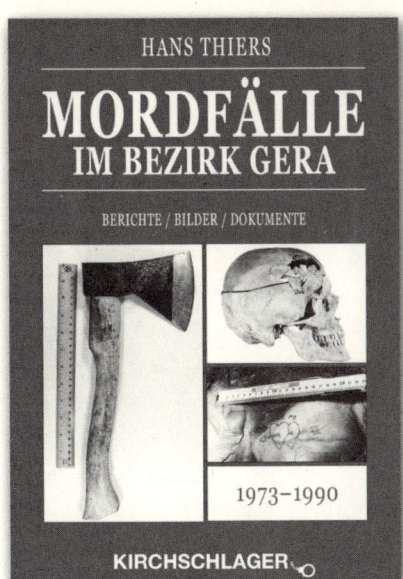

**Hans Thiers
»Mordfälle im Bezirk
Gera«
Berichte / Bilder /
Dokumente (1973–1990)
Mit einem Vorwort von
Michael Kirchschlager**

*Hardcover, Fadenheftung,
Leseband, 289 Seiten,
zahlreiche s/w Abbildungen,
ISBN 978-3-934277-47-2,
Preis: 18,95 Euro*

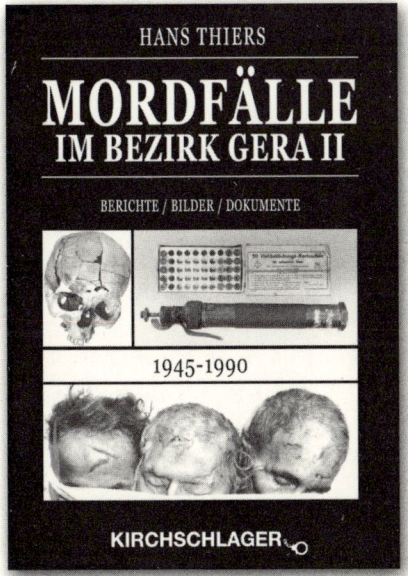

**Hans Thiers
»Mordfälle im Bezirk
Gera II«
Berichte / Bilder /
Dokumente (1945–1990)
Mit einem Vorwort von
Remo Koll**

*Hardcover, Fadenheftung,
Leseband, 288 Seiten,
zahlreiche s/w Abbildungen,
ISBN 978-3-934277-56-4,
Preis: 18,95 Euro*

Udo Brill

Udo Brill
»Das Skelett am Straßenrand«

Kriminalhauptkommissar i. R. Udo Brill konfrontiert seine Leser-
schaft mit grauenvollen Straftaten wie Kindsmord, Mord, Totschlag
oder Vergewaltigung. Aber auch Suizide, Unfälle und Brandfälle
gehörten während seiner Dienstzeit zum Alltag der Eisenacher Kripo.
Spannend, kurzweilig und detailliert beschreibt er Tatorte und deren
Dokumentation durch die Kriminaltechnik.

Taschenbuch, 188 Seiten,
zahlreiche s/w Abbildungen,
ISBN 978-3-934277-78-6, Preis: 10,95 Euro

Kerstin Kämmerer
»Ich töte, was ich liebe«

Die Erste Kriminalhauptkommissarin a. D. Kerstin Kämmerer war viele Jahre Kriminalistin in Weimar und Erfurt. Sie ermittelte u. a. in Fällen von Sexualstraftaten, Tötungsdelikten sowie Prostitution und brutaler Gewalt. Zuletzt leitete sie die Soko »Altfälle« und arbeitete gemeinsam mit ihren Kollegen erfolgreich an der Aufklärung ungeklärter Tötungsverbrechen an Kindern. In ihrem Buch rekonstruiert sie Tathergänge und taucht tief in das Seelenleben von Tätern und Opfern ein.

Hardcover, Fadenheftung, 212 Seiten,
ISBN 978-3-934277-82-3, Preis: 16,95 Euro

Teuflisches Werkzeug
Thüringer Burgen im Krieg
Herausgegeben von Marie Linz und
Michael Kirchschlager
Mit Beiträgen von Michael Kirchschlager,
Marie Linz, Matthias Rupp, Ines Spazier,
Christian Tannhäuser

Hardcover, Fadenheftung, Leseband,
zahlreiche farbige und s/w Abbildungen, 180 Seiten,
ISBN 978-3-934277-76-2, Preis: 18 Euro

Sabine Becker (Hg.)
Bearbeitet von
Michael Kirchschlager
Das Thüringer
Koch- und Backbuch
der Johanne Leonhard.
Arnstadt 1842.
Mit zwei Rezepten für
»Rohe Kartoffelklöße«

Hardcover im Schuber, Faden-
heftung, Leseband, 199 Seiten,
zahlreiche Abbildungen und
Schriftproben, limitierte Auflage,
ISBN 978-3-934277-35-9,
Preis: 18 Euro

Eduard Fritze
Fränkisch-Thüringische
(althennebergische) Holz-
bauten aus alter und neuer
Zeit mit 45 Tafeln, 1892
Mit einem Nachwort von
Andrea und
Michael Kirchschlager

Hardcoverausgabe
in Fadenheftung mit rotem
Leseband im grauen Schuber,
limitiert auf 499 Exemplare,
ISBN 978-3934277-40-3,
Preis: 38 Euro

Michael Kirchschlager
»Emil – bei den Wikingern«
Mit Illustrationen von Steffen Grosser

Hardcover, Fadenheftung, 60 Seiten,
ISBN 978-3-934277-84-7, Preis: 12,80 Euro

IMPRESSUM

Alte Rechtschreibung
1. Auflage Arnstadt 2019
© für diese Ausgabe 2019 beim Verlag
Kirchschlager, Arnstadt
Umschlaggestaltung: Heiko Freitag
Titelfoto: Künstlerpostkarte aus der Sammlung
des Verlags Kirchschlager, Arnstadt
Alle Abbildungen stammen
aus copyrightfreien Datensätzen aus dem Internet und
der Sammlung des Verlags Kirchschlager, Arnstadt
Satz und Layout: Ute Schmidt, Geraberg
Druck und Bindung: PBtisk s. r. o., Příbram
Alle Rechte vorbehalten

ISBN 978-3-934277-80-9

Michael Kirchschlager
»Emil – bei den Wikingern«
Mit Illustrationen von Steffen Grosser

Hardcover, Fadenheftung, 60 Seiten,
ISBN 978-3-934277-84-7, Preis: 12,80 Euro

IMPRESSUM

Alte Rechtschreibung
1. Auflage Arnstadt 2019
© für diese Ausgabe 2019 beim Verlag
Kirchschlager, Arnstadt
Umschlaggestaltung: Heiko Freitag
Titelfoto: Künstlerpostkarte aus der Sammlung
des Verlags Kirchschlager, Arnstadt
Alle Abbildungen stammen
aus copyrightfreien Datensätzen aus dem Internet und
der Sammlung des Verlags Kirchschlager, Arnstadt
Satz und Layout: Ute Schmidt, Geraberg
Druck und Bindung: PBtisk s. r. o., Příbram
Alle Rechte vorbehalten

ISBN 978-3-934277-80-9